El LEÓN Y LA REINA

QUE ESPERO SER.

Cyndy Gilbert

authorHOUSE®

AuthorHouse™
1663 Liberty Drive
Bloomington, IN 47403
www.authorhouse.com
Teléfono: 833-262-8899

Publicada por AuthorHouse 09/21/2021

ISBN: 978-1-6655-3924-1 (tapa blanda)
ISBN: 978-1-6655-3923-4 (libro electrónico)

Información sobre impresión disponible en la última página.

Este es un libro impreso en papel libre de ácido.

EN LA MEMORIA AMOROSA DE MI FAMILIA QUE
HA VENIDO Y SE HA IDO: QUE DESCANSES EN
PAZ CELESTIAL Y PARA AQUELLOS QUE AÚN
NO HAN NACIDO, CONFÍA EN JEHOVÁ.

DEDICACIÓN

Dedico este libro sobre quién soy a mi madre Grace que ha orado por mí desde que era un niño pequeño y a mi madre celestial a travésde Cristo, Guadalupe.

Ave María

Una luz brillante brilla brillante

Una belleza que
sobrevivirá al tiempo

Desbordamiento verde y dorado

Una cara que es pura

Un amor de corazones
que se desbordará

Un poder que está detrás

A su lado para las
generaciones venideras

Ella está en su gloria

Ella ora por los más necesitados

Una cara inmutable

Un amor verdadero
desde el principio

Limpio intocable y puro

Pobre al principio

Ser santo y puro hasta la médula

Castidad prometida a su Señor

También dedico esto a mi familia y amigos que han estado allí por mí y han orado conmigo o por mí en todo momento de necesidad.

TABLA DE CONTENIDOS

Soy Cyndy. Mis antepasados vienen de muchos lugares diferentes. Me han dicho que mi familia está incluida en los libros de historia de Nicaragua. Mi mamá Grace y mi papá Benji se conocen en una cárcel nicaragüense durante una revolución con el gobierno sandinista. Mi madre Grace era maestra de escuela y municipal de la corte de Nicaragua, quien fue reconocida por un alumno anterior suyo y liberada. Mi madre estaba en un matrimonio rocoso con el hijo del vicepresidente que había abandonado el país cuando comenzó la revolución. En la cárcel, comenzó una historia de amor con mis padres cuando comenzaron a hablar entre sí en las cuatro puertas que los encerraban. A través de las paredes celulares, podían escuchar los gritos y gritos de las personas mientras trataban de ponerse a salvo. De alguna manera agradecidos de que estuvieran en prisión, ya que fuera de los muros de la prisión se estaban quemando iglesias y casas.

La única esperanza de mimadre, para llegar a un lugar seguro, era una de mis hijas padres que tenía acceso a un helicóptero para sacarlas de Nicaragua. Poco después comenzó un viaje a los Estados Unidos cuando mi Padre le contó a mi madre Grace sobre una vida de oportunidades en los Estados Unidos. Con solo cinco dólares en el bolsillo de mi mamá y sin conocimiento del idioma inglés, mi madre comenzó una nueva vida a los cuarenta años cuando comenzó a buscar un trabajo con el fin de recaudar dinero para traer a todos sus hijos a los Estados Unidos que se quedaron en Guatemala con su mamá y su papá mis abuelos.

En la parte inferior está mi mamá **Mari**a, mi abuelo el padre Juan Carlos Rivera que fue Ingeniero de agronomía por mi parte materna y mi tía Lejía.

Viaje de vida

Cyndy Gilbert

Al crecer en Santa Ana CA en la década de 1980, nací en Westminster, CA el 31 de diciembre de 1982 en el Hoag Memorial Hospital como un bebé sano a término.

A VECES LAS PERSONAS EN SU VIDA NO ENTENDERÁN SU VIAJE Y NO TIENEN QUE HACERLO.

Amo a mi familia sin importar lo locos que podamos parecer a los demás. Somos personas únicas, amorosas temerosas de Dios, que hemos recibido misericordia, amor y paz de Dios una y otra vez. Estoy súper orgulloso de mi familia, no importa qué golpes nos arroje la vida, seguimos recuperándonos. (pow) El poder de la oración es magnánimo. No puedo decirlo lo suficiente que amo a toda mi familia.

Todos estamos relacionados conmigo que todos tenemos el mismo Padre Jehová, aunque podamos tener padres diferentes.

Mi hermana menor es Rebecca y se negó a tener fotos de sí misma en estelibro. Recuerdo la primera vez que vi a mi hermana Rebecca. Me escondía debajo de la mesa de la cocina y recuerdo que estaba mirando por la ventana de vidrio en la cocina **cuando** mis **padres entraron en el patio y vi a mi madre Grace sosteniendo a mi joven sister Rebecca en sus brazos. Mi mamá llevaba un vestido rosa largo. Mi papá Benji estaba al** lado **de mi mamá y ambos trajeron a mi hermana Rebecca a la casa por primera vez. Tenía miedo y curiosidad por lo que tenían** en sus **brazos, pero pronto me enamoré y quise llevarla,** pero era demasiado joven **para sostenerla sola, así**

que mi hermana **mayor Janice me ayudó a sostenerla mientras estaba sentada en el sofá. Cada vez que Rebecca lloraba,** yo **me acercaba a su cuna y trataba de consolarla. Mi hermana Rebecca nació bowlegged y ella tuvo que usar un aparato ortopédico para corregir sus piernas y cada vez** que sus piernas **se pondrían un poco mejor el apoyo tenía que ser apretado un poco más y mi hermana Rebecca lloraba muy fuerte. Mi hermana mayor y yo entramos en la habitación y aflojamos el aparato ortopédico para que no tuviera tanto dolor y mi madre se enteraría** y nos **recordaría que necesitaba que el aparato ortopédico estuviera puesto y apretado para que sus piernas fueran corregidas y ella retighten el aparato ortopédico. Rebecca creció y sus piernas fueron corregidas por el aparato ortopédico. Ella creció para ser una hermosa** mujer de color marrón claro, clara y **con grandes ojos marrones** como **yo.**

Mi hermana mayor Janice también creció para ser una hermosa mujerinteligente. Ella tiene el pelo largo rizado; ojos verdes, es claro y una buena altura como **yo. Cuando era una niña pequeña, me di cuenta de que mi hermana mayor Janice no hablaba, sino que señalaba objetos cuando quería algo para expresarse. Me dijeron que la razón por la que no podía hablar era porque** la guerra en Nicaragua la **traumatizó cuando era una niña pequeña. Janice fue a una escuela especial para ayudarla a hablar y cuando llegó** a la **secundaria, finalmente pudo hablar** y usar sus palabras **para expresarse tanto en** inglés como en español a la **perfección. A mi hermana Janice le encantan las sirenas y es muy femenina. Ella tiene un gran sentido** para hacer que una habitación se vea hermosa **decorando una habitación, casa** o espacio de una **manera estética.**

Mi hermano mayor Kenneth era un matón y le encantaría pelearconmigo, pero me enseñó a defenderme y tener confianza

en defenderme. Mi hermano peleaba conmigo, pero no permitía que otros niños me intimidaran o peleara conmigo, por lo que siempre podía ir a él cuando alguien intentaba intimidarme. Él era mi guardaespaldas personal cuando era niño. Creció para ser un hombre alto y sensible con el pelo rizado que ahora es un veterano de la Marina.

Cuando era un niño pequeño, tenía un montón de juguetes que me fueron dados por mi media hermana Anabel. Tenía muchas muñecas y barbies. Me dijeron que me parecía a ella y que crecería para parecerme a ella. Creo que crecí para ser una creación única de Dios a pesar de que en el exterior tengo algunas características para mi familia biológica.

Mis amigos que me ayudaron a redescubrir mi fe y enamorarme de nuestro creador. Los amigos y la familia significan el mundo para mí, especialmente las personas en mi vida que han estado allí a través de lo bueno, lo malo y lo feo.

Amigos y familiares me ayudaron a guiarme hacia mi PAPÁ.

Algunos de mis logros, mientras crecía...

Con respecto a mi educación, comencé la escuela a los seis años en lugar de los cinco, ya que mi cumpleaños es el último día del año, no me dejaban entrar a la escuela. Comencé la escuela con un comienzo difícil, debido a un problema para recordar cosas y un maestro de educación especial me tomó a un lado para revisar el alfabeto y los colores. No nací retrasado, pero debido a la falta de oxígeno en el cerebro después de un accidente de ahogamiento fue difícil para mí aprender cosas nuevas. Independientemente de mis problemas de memoria, yo era un niño decidido que amaba la educación y a todos mis maestros. Pronto me convertí en un estudiante particularmente bueno y disfruté aprendiendo. Si no sabía las respuestas a una pregunta o cómo hacer algo, siempre les pedía a mis compañeros que me ayudaran, lo que me hacía muy social. Recibí el premio del Presidente en quinto grado para la persona con más probabilidades de tener éxito basado en el esfuerzo. Terminé cada clase a tiempo y fui un estudiante de honor en varias ocasiones. Soy una chica muy inteligente y una persona completa.

Mi madre me daba clases particulares en matemáticas básicas en casa, ya que estaba bien informada con su formación en educación de Nicaragua. Recibía pases al frente de la línea de almuerzo como recompensa por mi excelente comportamiento en la escuela y la ciudadanía cuando estaba en la secundaria. Estuve involucrado en clubes a lo largo de toda mi escolaridad. Mi madre siempre ha estado orgullosa del tipo de persona que soy.

Esta es mi madre en la parte superior con los niños del barrio. Era una comunidad pobre y todos los niños se reunían en nuestra casa.

Recibía pases al frente de la línea de almuerzo como recompensa por mi excelente comportamiento en la escuela y la ciudadanía cuando estaba en la secundaria. Estuve involucrado en clubes a lo largo de toda mi escolaridad. Cuando estaba en la escuela primaria estaba en P.A.L.S, Girls Scouts, y coro, así como en el programa D.A.R.E. En la escuela secundaria fui una estudiante de honor, involucrada en la escritura del periódico, girl scouts, coro, programa de kayak, y otros programas después de la escuela. En la escuela secundaria estuve involucrado en el club de lectura, Future Teachers of America,

Girls Inc., coro y otros programas. Después de la escuela secundaria, debido a mis buenas calificaciones y actividades extracurriculares, fui directamente a la Universidad Estatal de California de Fullerton y allí estuve involucrado en una iglesia noconfesional y en la Asociación de Estudiantes de Servicios Humanos y obtuve el premio de Liderazgo por hacer la mayoría de las horas de servicio comunitario de mi clase de graduación. Mi madre me enseñó a hacer siempre todo lo posible y a ser un buen ciudadano respetuoso de la ley.

Algunos de mis logros han sido ser galardonado con el premio del presidente en mi graduación de quinto grado por tener más probabilidades de tener éxito, obtener mi licenciatura, visitar a los enfermos y orar por ellos, ser votado como una de las personas más amigables en la escuelasecundaria, ya que me han enseñado a hacer todo lo posible,para la gloria de Dios, sin importar lo difícil que pueda ser una situación. He aprendido que no se trata del resultado, sino del proceso. No soy perfecta porque solo Abba es perfecta, pero hago todo lo posible como persona, hermana y amiga para ser buena con los demás y que toda la gloria vaya a Abba.

Descripción de mi madre Grace...

Mi madre **Grace,** una mujer estricta, fuerte, valiente, trabajadora, intelectual, con valores religiosos arraigados desde su infancia de crecer en una escuela religiosa. Ella era cariñosa en su camino y trataba a cada uno de sus hijos de manera diferente. Mi madre mostró su afecto cocinando para nosotros; limpiarnos, darnos dinero, comprarnos cosas que necesitábamos, hablar bien de nosotros a los demás cuando tuvimos éxito en la escuela y en nuestra vida cotidiana. Mi mamá me daba muchas lecciones, para que me mantuviera fuera de problemas y hiciera buenas hazías. Ella tiene fuertes valores religiosos y un amor por la Virgen María que ayudó a hacer milagros para ella desde que era una niña de no ser castigada por sus padres por romper un emblema importante a la resurrección de su hija en una piscina. Creció hablando con el sacerdote regularmente y puede recitar muchas oraciones y versos de memoria. A lo largo de los años mi relación con mi madre se ha vuelto cada vez más fuerte. Ella ha estado conmigo a través de los momentos más difíciles de mi vida y la aprecio por todo lo que ha hecho por mí. Nos hemos vuelto más abiertos el uno con el otro a través de los años y todo lo que dice mi madre es correcto porque ella da un gran consejo. Ella ha sido mi consejera de orientación a lo largo de mi vida al escuchar todos mis dilemas.

Mi madre y mi padre dirían...

Mi madre y mi Padre dirían que están inmensamente orgullosos de mí porque a pesar de todos los obstáculos que se han puesto en mi camino, todavía no me he dado por vencido. Mis padres me han influenciado para convertirme en la persona que soy hoy en día enseñándome su ascendencia; enseñándome sobre (PAPÁ) (Dios) (Yo soy) (Abba) y los ángeles de la guarda. Crecí orando todas las noches con oraciones de mi madre como, "Hay cuatro ángeles enmi cama. Juan Lucas, Marcos yMateo. Mi Ángel de la guarda en el medio y la Virgen María en la parte superior de mi cama. Dios no me abandone por la noche o por el día. "Hablaba español en el hogar, así que las oraciones fueron: (Juan, Lucas Marcos Matteo, el ángel de mi guardia en medio y la Virgen en mi cavesiera. Dios no me desanparies ni de noch ne de dia.) También crecí bebiendo agua por completo todas las noches antes de irme a dormir para que Dios me bendiga y sane cada hueso, músculo, tejido en mi cuerpo y lo más importante ayude a salvar mi alma y me haga una buena chica. Cuando era un niño pequeño me preguntaba por qué bebía agua por completo y mi madre me decía que lo sabrías cuando seas mayor. De alguna manera siento que me acercó a Abba.

Lo que más me gusta de mi cultura...

Lo que más me gusta de mi cultura es que me gusta la gran familia inmediata con la que crecí. Mis hermanos y hermanas de mayor a menor por parte de mi madre: Juan Carlos Rivera, Carmel Grayson, Christine Grant, Missy Jose, Janice Davids, Kenneth Gilbert, Cindy Gilbert, Rebecca Gilbert y algunos de sus hijos a los que he tenido la oportunidad de ver crecer.

En mi familia celebramos fiestas cristianas y católicas. También celebramos fiestas estadounidenses como Halloween y el Día de la Independencia. Me gusta llamarme unahermana, así que a veces para Halloween me gusta vestirme de monja o hacemos disfraces de Halloween con temática con mi familia inmediata.

La comida es parte de la cultura de una persona y tengo muchos tipos diferentes de comidas favoritas, comenzando con pasteles, especialmente pasteles de zanahoria caseros, y pastel de coco. Me gusta salir a comer solo o con un grupo de personas. Disfruto de todo tipo de comida, como mexicana, india, salvadoreña,griega, italiana,china, etc. Me encanta la comida. También disfruto haciendo jugos frescos para tratar de mantenerme saludable.

Mi familia tiene raíces católicas, y fui bautizado el 21 de noviembre de 2001 como cristiano. Fui bautizado dos veces en un charco de agua, cuando me alejé de la iglesia y volví a llamarme espiritual y creer en un poder superior. También creo en el hada de los dientes porque creo que Abba puede ser cualquier cosa que necesites que sea. La imagen en la parte inferior es una pintura que dibujé de un hada de los dientes masculina.

Cyndy fue bautizada por segunda vez...

Cuando era niño, jugaba juegos espontáneos e inventivos. Hacía tiendas de campaña en mi sala de estar como lo hacían los indios y jugaba por dentro. Hacía libros de chatarra y ponía fotos en álbumes. Jugaba con muñecas, doctor y paciente y canicas con mi hermana mayor Janice. Jugaría snoopy en mi ordenador y otros juegos de ordenador. Jugaba a policías y ladrones con mi hermano Kenneth y los niños del vecindario, que era como una etiqueta. Jugaba a ser anfitriona con mi hermana Rebecca y los niños del vecindario, donde convertíamos las galletas en migajas y nos las servíamos unas a otras como comidas de plato principal. Jugaba a que estaba en el spa con mi hermana Rebecca y Janice y me pintaba las uñas y se hacía cambios de imagen el uno al otro. Jugaba a que era maestra con los niños del barrio y me enseñaba lecciones unos a otros. Hacía perfumes con flores y hojas aplastándolas y poniéndolas en agua. Hacía pasteles de barro y los ponía en ollas y sartenes. Jugaba muchos juegos creativos con los niños del barrio, así como con mis hermanos. Solía practicar deportes, como tetherball, dodge ball, baloncesto y softbol. Solía andar en bicicleta y patinar. Aprendí a andar en bicicleta cuando estaba en cuarto grado después de intentarlo por primera vez. Cuando estaba en el quinto grado, tuve la oportunidad de jugar softbol con mis maestros de quinto grado antes de graduarme. A medida que crecía, me interesé en pintar y hacer manualidades.

Me gusta ir a eventos deportivos en vivo para ver béisbol, boxeo, baloncesto y fútbol. También disfruto practicando deportes en ocasiones y dando paseos por la naturaleza. Me gusta nadar y pasar el rato.

He leído la Biblia de principio a fin y he aprendido que:

La historia de Dios es

Un libro con muchas páginas

Una historia demasiado larga para contar.

Tiene un amor suficiente para muchos.

Explicación del principio y la continuación.

A través de las páginas de un libro y a través del espíritu que vive con –en mí he aprendido a tener coraje con mi papá a mi lado.

Primer Viaje – Poemas

No soy nada sin ti...

Debo conocerte. Dime más y empieza por tu nombre. Oh, todo lo que sé es que necesito saber tu nombre. Oh, no, necesito saber tu nombre. Oh, llegaste a mi llamada. Siento tu presencia y tu poder y Oh, chico lloro de alegría mientras aprendo tu nombre. Oh, ¿qué me llevó tanto tiempo querer saber tu nombre? Ah, chico no sé tu nombre y me voy a volver loco. Oh, Chico, ¿cómo se llama? ¿Cómo te llamas? Necesito saberlo, o estoy seguro de volverme loco. Ah, no, no sé tu nombre. Ah, no, no sé tu nombre. Ah, en la rodilla doblada pido. Necesito saber tu nombre. Como un rayo en el postre, fue un milagro. Me tocó, mientras vivía en un postre. Oh, realmente necesito saber cuál es tu nombre, o estoy seguro de volverme loco. Que yo sepa que tu nombre es real al responder a miPadrede oración. ¿Puedes hacerme saber tu nombre respondiendo a mis oraciones? Oh, necesito saber tu nombre. Oh, necesito saber tu nombre, o estoy seguro de volverme loco. ¿Puede tu nombre resucitarme? Que elegue mi espíritu y me lleve a tu gloria, o estoy seguro de volverme loco. Levanto tu nombre en lo alto. ¿Puede su nombre ser glorificado? Que su nombre sea elevado alto. Oh, Padre, que glorifique. Santo, Santo, Santo, Santo es tu nombre; Santo, Santo, Santo es tu nombre: Santo, Santo, Santo es tu nombre. Que haga milagros en nuestras vidas; Que haga milagros en nuestras vidas. Oh, Holly, Holly es tu nombre. Estoy desesperado por ti.

No soy nada sin ti. Debo conocerte. Dime más y empieza por tu nombre. Oh, todo lo que sé es que necesito saber tu nombre. Oh, no, necesito saber tu nombre. Oh, llegaste a mi llamada. Siento tu presencia y tu poder y Oh, chico lloro de alegría mientras aprendo tu nombre. Oh, ¿qué me llevó tanto tiempo querer saber tu nombre? Ah, chico no sé tu nombre y me voy a volver loco. Oh, Chico, ¿cómo se llama? ¿Cómo te llamas? Necesito saberlo, o estoy seguro de volverme loco. Ah, no, no sé tu nombre. Ah, no, no sé tu nombre. Ah, en la rodilla doblada pido. Necesito saber tu nombre. Como un rayo en el postre, fue un milagro. Me tocó, mientras vivía en un postre. Oh, realmente necesito saber cuál es tu nombre, o estoy seguro de volverme loco. ¿Puedo saber que tu nombre es real al responder a mi oración Padre? ¿Puedes hacerme saber tu nombre respondiendo a mis oraciones? Oh, necesito saber tu nombre. Oh, necesito saber tu nombre, o estoy seguro de volverme loco. Que tu nombre me levante de nuevo.

Que elegue mi espíritu y me lleve a tu gloria, o estoy seguro de volverme loco. Levanto tu nombre en lo alto. Que su nombre sea glorificado. Que su nombre sea elevado alto. Oh, Padre que glorifique. Santo, Santo, Santo, Santo es tu nombre; Santo, Santo, Santo es tu nombre: Santo, Santo, Santo es tu nombre. Que haga milagros en nuestras vidas; Que haga milagros en nuestras vidas. Oh, Holly, Holly es tu nombre. Estoy desesperado por ti.

SOY YO...

Me hiciste saber tu nombre. Me diste gracia. Me diste misericordia. Me muestras el sol. Me muestras las estrellas. Me muestras el camino. Y quiero elogiarlos por ello. Halleluiah, halleluiah Gloria a ti Padre

Dios, mi nombre es "Yo soy" ... Jehová, Llámame papá. Porque yo soy tu papá. También me gusta que me llamen Dios, pero llámame papá. Yo soy tu papá.

Coraje...

PAPÁ, tengo el valor de creer que soy digno de
tu amor y pondré mi confianza en ti.

El Señor es mi fuerza y canto, Y Él se ha convertido en mi salvación;
Él es mi papá, y mi papá de los padres y yo lo alabaremos.

Creer...

Cree en nuestro PAPÁ un Ser Supremo

Cree en él con todo tu corazón,

Vive para el espíritu perfecto

Siente su esencia en la oración

Y la felicidad te encontrará

Papá, te conozco en persona y a través de las páginas de documentos sobre ti y descubrí un amor que es grande, un amor que solo tú puedes dar, un amor que es tierno y dulce. Un amor que es comprensión a pesar de todas las imperfecciones. Un amor que deseo mantener porque vi más allá de las páginas y vi una presencia mágica que deseo mantener. Papá, me das paz y me haces sentir como una estrella brillante. Sé que me amas tiempo soy alto, bajo, gordo, flaco, bonito o llano.

PAPÁ me dejas sinaliento...

Sabes cada respiración que tomo; sabes cada paso que doy; ya sabes lo que voy a decir.... Antes de hablar.... Sabes que cuando me siento débil sabes cuando he alcanzado mi punto máximo. Así que eso es todo lo que voy a decir hasta que tenga más palabras que decir.

¿Cómo te llamas?

¿Cómo me nombre? Oh, no, no sé tu nombre. Te necesito. Mantienes mi corazón latiendo, eres mi salvación, me mantienes vivo y no sé tu nombre. Oh, ¿cómo se llama? Oh, ¿cómo se llama? Una vez me diste todo y ahora, sé que estás lejos, porque lo he perdido todo.... Tal vez si supiera su nombre las cosas serían diferentes. Debo saber su nombre. Me lo diste todo y ahora ni siquiera sé tu nombre. Yo busco y usted no contesta. Abajo en la rodilla doblada te llamo, pero oh, no, no sé tu nombre. ¿Cómo puedes escucharme cuando no sé tu nombre? Oh, no, realmente necesito saber tu nombre. Ah, en la rodilla doblada pido. Realmente necesito saber su nombre. Oh, por favor, dígame. Vengo a usted para su salvación. Necesito saber tu nombre. Oh, por favor dime porque tu nombre es salvación. Necesito saber tu nombre. Oh, ¿cómo se llama? Oh, ¿cómo se llama? Oh, no, necesito saber tu nombre. Lloro en knee doblado. Necesito saber tu nombre!

Papá, sabes cada respiración que tomo; sabes cada paso que doy; sabes lo que voy a decir... Antes de hablar.... Sabes que cuando me siento débil sabes cuando he alcanzado mi punto máximo. Así que eso es todo lo que voy a decir hasta que tenga más palabrasque decir.

Fenómeno...

Fenómeno triste, pero verdadero; si Dios no me ama nadie lo hará.

Sin palabras...

Me quedo sin palabras; ninguna palabra puede describir quién eres. Todo mi vocabulario no puede describir lo grande que eres y lo que haces por mí. Así que, en los términos más simples, quiero dar las gracias por ser tú, PAPÁ.

Tratando de llegar a Sion...

Lágrimas en el Cielo por las que vale la pena luchar. Llorando para llegar allí, pero yo no estoy allí. Ah, casi estoy ahí, pero no sé dónde está la voz suave que me habla. Oh, te oigo y otros no me creen. Estoytratando de llegar allí porque sé que va a estar allí; Quiero verte. La anticipación corre por mis venas y, sin embargo, estoy un poco asustada.

Abre mis ojos...

Soy daltónico porque no te veo allí. Soy ciego porque no puedo verte sonreír a mí. Soy ciego y te pido que me dejes verte. Abre los ojos y déjame ver la bondad en ti. ¿Puedo ver su luz? ¿Puedo ver tu sonrisa? ¿Puedo ver más allá de lo que el ojo humano puede ver?

PAPÁ...

Un espíritu invisible; en tantos lugares a la vez. Observando todos nuestros buenos momentos. Sabe cuándo somos malos o buenos. Perdonarnos y ser nuestro papá.

PAPÁ, estás ante mis ojos, pero no puedo verte. Me ves como nadie más. Me conoces por la mañana y por la tarde. Me conoces por dentro y por fuera. Me conoces hacia adelante y hacia atrás. Me conoces y me has visto, desde que era joven. Vine de ti y volveré a ti si me gustas o meamas, siempre seré tuyo.

Tardó muchos días en imaginarlo y un día decidió crear lo que imaginaba.

En el primer día, papá, hizo luz

Al cuarto día hizo estrellas

En el segundo día hizo agua

Al quinto día hizo pájaros y animales.

Al tercer día hizo planetas, que un día tendrán vida

Al sexto día hizo reptiles.

El séptimo día fue un día bendito. Y en el día, hizo a la gente que era un día maravilloso especial.

Sediento de Vida...

Sediento de agua viva

Limpio, puro y duradero La Fuente de la Juventud es PAPÁ

Realidad...

Siempre te preguntes si Dios era real, bueno, no es hasta
que estés en su presencia que uno cuestiona su propia
"Realidad". Tengo el valor de creer que con ustedes todo
es posible. Tengo el valor de creer en la creencia

Puedo volar...

La vida era corta, una vez fui un ciempiés con muchas piernas y
no sabía, qué camino caminar pero ahora puedo volar. Oh, la vida
de un insecto... Oh, a nadie le importa quién eres o cuál puede ser
tu propósito en la vida. Pero oh, ahora puedo volar. Oh, estoy tan
contento de poder volar porque Dios no me ha abandonado. Él me
ha inspirado a ser más de lo que pensaba que podría ser. La vida de
un ciempiés no era todo lo que anhelaba ser. Tenía muchas piernas
y me arrastré y oh, estaba tan contento de no estarlo. Estoy muy
contento de poder volar y Dios me ha inspirado a volar alto y besar el
cielo en lugar de mi vida en la miseria como un ciempiés con muchas
direcciones, pero con Dios tengo una dirección y es el cielo. Con Dios
de tu lado puedes volar como una mariposa y no tener que vivir una
vida de ciempiés. Oh, mi Verdadero Padre me ha hecho hermosa.

Escribí, puedo volar después de tener una conversación con Dios sobre un ciempiés que quería matar por estar en mi dormitorio y me pidió que le pidiera permiso antes de matar cualquier cosa, incluso si no responde.

Somos ciegos

¡Estamos ciegos! ¡Estamos ciegos!

El hombre estaba ciego; se escaparon con sus pantalones y él no se lo notaba.

¡Estamos ciegos! El hombre es ciego.

Había una bomba justo detrás y él no podía decir...

¡Estamos ciegos! ¡Estamos ciegos! ¡Estamos ciegos! Oh, somos ciegos, ¿no lo puedes decir?

Oh, estamos ciegos, y gracias a Dios la bomba no explotó... llámalo ADD y gracias a Dios la Bomba fue desarmada.

¡Oh! ¡Estamos ciegos! ¡Estamos ciegos!

¡Estamos ciegos! Llámalo ADD o llámalo como quieras...

¡Estamos ciegos! ¡Estamos ciegos!

Porque estoy seguro de que no puedo ver lo que está justo delante de mí.

Oh, me está haciendo daño porque he hecho algo mal...

¡Oh! ¡Estamos ciegos! ¡Estamos ciegos!

¡Encendamos la luz y veamos quién está ahí...! ¡Estamos ciegos! ¡Oh, chico, somos ciegos!

¿No lo puedes decir? Ah...

Dios y gracias por salvarme de esta nube oscura que me estaba lastimando porque estaba ciego y ahora, puedo ver. ¡Oh!

¡Estamos ciegos! ¡Estamos ciegos! ¡Estamos ciegos! Llámalo ADD o llámalo como quieras... ¡Estamos ciegos! ¡Estamos ciegos!

Porque estoy seguro de que no puedo ver lo que está justo delante de mí y gracias a Dios la bomba fue desarmada y por favor siempre salvar a Estados Unidos. ¡Estamos ciegos! Estamos ciegos!! ¡Estamos ciegos! Oh, somos ciegos, ¿no lo puedes decir?

Oh, estamos ciegos. Oh, los efectos de ADD, puedes ver.... Oh, ¿qué grande es nuestro Dios para la bomba fue desarmado.

Escribí este poema después de tener una conversación con Dios acerca de ADD. Mi objetivo era tener una carrera; casarse y tener hijos. Para mi consternación encontré la salvación y me dijeron que nada de eso era necesario en la otra vida. Por lo tanto; Vivo para amar a Dios y animarte a hacer lo mismo porque eso es todo lo que se necesita en el más allá, pero si puedes hacer los cuatro exactamente lo mismo, siempre adoro al que te hizo, Nuestro Verdadero Padre.

Buscar un poder superior es una solución a cualquier problema...

Buscar un poder superior es una solución a cualquier problema porque para Dios nada es imposible. Somos vasijas que sólo pueden ser reparadas y hechas a la perfección con el poder del Todopoderoso. Ahora es el momento de orar no sólo porque estamos viviendo a través de times difícil, sino porque estamos viviendo en el fin delos tiempos. Una gran manera de comenzar a tener una relación con nuestro papá es aprendiendo su nombre. Aquí hay un poema sobre cómo le pidoaed que sepa el nombre de Nuestros Papás.

Segundo Viaje – Poemas

Miedo...

Oh, una vez que tuve miedo, no pude tocar, ver o acercarme, pero con el tiempo parte de mi miedo se ha desvanetido. Quiero tener miedo de mantenerme en los dedos de los dedos de los ojos y quiero tener amor para que él se acerque. Algunas cosas pueden parecer aterradoras, pero si nos acercamos todas nuestras penas desaparecerán.

Sueños

Los sueños que me propuse en la infancia han mejorado con el tiempo. Estaba luchando por algo, pero como resultó que la vida tiene misterios y cuando golpeé el divisor central mi vida se volvió y me dio un giro inesperado que estoy deseando desentrañar y explorar todos los días y por el resto de mi vida para que haya un tiempo y un lugar para todo.

PAPÁ,

Me hiciste saber tu nombre. Me diste gracia.

Me diste misericordia.

Me muestras el sol; me muestras las estrellas. Me muestras el camino. Y quiero elogiarlos por ello. Aleluiah, Halleluiah Gloria a ti Padre, tengo el valor de creer que con ti todo es posible, tengo el coraje de creer en believing

Emergencia...

Alguien, por favor llame para obtener ayuda.

Necesito toda la ayuda que pueda obtener. 911, puedes escucharme.

Oh, alguien llamar a la policía es una emergencia.

Mi llamada es una emergencia y necesito ayuda. Ayuda, Ayuda, Ayuda.

La policía no puede ayudar entonces no sé quién puede... Oh, alguien llamar a la policía es una emergencia. (Llamada desconectada Pitido, Pitido, Pitido) Él no puede ayudar.... Oh, doctor, doctor, ayúdame a encontrarme, ayúdame a encontrarme. Quiero ser yo.

Oh, puede ser tan irritante ser yo. Vicodin, codeína; Oh, tan cansado de ser yo. Oh, tan cansado de ser yo y vivir una vida de dolor. Oh, tan cansado de ser yo, Oh tan cansado. Quiero matar la píldora, quiero matar la píldora, Oh, quiero matar la píldora, pero doctor ayúdame, ayúdame estoy tan cansado de ser yo, Oh, tan cansado de ser yo.

Simplemente quiero ser yo. Quiero ser todo lo que puedo ser. Oh, no, no el médico, llamar al sacerdote, llamar al sacerdote. Tengo una confesión que hacer. Estoy tan cansada de ser yo. Ah, así, tan cansado de ser yo. Oh, tan cansado de ser yo. En un momento, en un segundo... Para siempre se convirtió en lluvia y la lluvia se derramó. Deja que llueva y sigue lloviendo. Necesito toda el agua para ser yo. El dolor se ha ido, pero ahora simplemente quiero ser yo. No me compares con nadie más y simplemente me amen por ser yo. Ámame por ser yo. Transformarme y vestirme. Vistenme, me visten y ayúdenme a ser un mejor yo. Oh, ámame, ámame y ayúdame a ser un mejor yo. Había luz al final del túnel... Marqué todos los números equivocados... su número no estaba en las páginas amarillas. (Silencio) PAPÁ, contestó mi llamada. Te amo porque eres mihija. Yo: No puedo creer que te haya encontrado. (Estado de calma) (Silencio)

Rompecabezas...

Juntando los pedazos de mi mundo de nuevo.

Como en un rompecabezas, una pieza a la vez, asegurándose de que todas las piezas encajen.

Soy parte del rompecabezas y parte de la solución con la ayuda de PAPÁ.

Defiéndanos Padre; defendernos Padre,

Defendernos de todo el odio en el mundo.

Defiéndanos Padre; defendernos Padre y m ayuna persona más convertirse en un ángel en el cielo.

Defendernos Padre de war; defendernos Padre de nuestros enemigos,

Defiéndanos Padre de los que nos causan dolor,

Defiéndanos Padre del daño. Defiéndenos Padre y may tus
Defiéndanos Padre; defendernos Ángeles nos ayudan a levantarnos.
Padre,

Defiéntanos Padre y muéstranos tu
amor ~~apasionado.~~

Oraciones, papá, eres el mejor. Por favor, ayúdame a tener autocontrol, para que tome mejores decisiones en la vida. Que tu voluntad se haga en la Tierra como lo es en el Cielo. Amén

TERCER VIAJE – REFLEXIÓN Y ORACIÓN

Tratando de ponerse en contacto con usted declaraciones – Invocando...

Padre MuyHonorable, te llamo a mi vida. Papá te envío una llamada de atención. "Yo soy" te necesito dentro de la llamada. Papá necesito que te comuniques conmigo. Papá lloro para que me escuches en los buenos y en los malos. Papá estoy marcando su número, por favor devuelva mi llamada. Papá, estoy haciendo una llamada de recogida. Señor te convoco a mi vida. Padre Celestial te pido que estés al alcance de la mano. Amor, te llamo a la mente. Que siempre estés al alcance de la mano para tomar todas mis llamadas locales. Anillo de llamada, un Ding, Ding Ring, un Ding, Ding.

No te olvides de llamar porque él puede hacer cualquier cosa, sólo pensar, y orar y darle gratitud y pronto él vendrá y estará contigo porque te ama más de lo que nadie más puede. Piensa y ora, Piensa y Ora y sí puedes. Ring, a Ding, Ding (Hola), Señor padre más poderoso, te llamo papá para que seas mi todo. Te pido que seas mi superego y me ayudes a tomar mejores decisiones en mi vida. Te pido que seas mi amigo. Te pido que me perdones y me ames. Les pido que me ayuden a volar como una mariposa y volar como un águila y saltar obstáculos como un conejo. Espíritu Infinito de gracia y perdón, Papá, llamo a tu nombre de acebo para obtener todos los deseos de mi corazón. Creo que en tu nombre encontraré la salvación.

Te doy infinitas gracias por crearme. Que siempre sienta tu calidez y amor. Que siempre me ayudes a soportar y superar todos los problemas que se me presenten. Padre que es el más alto por favor sanar cada hueso, músculo, y tejido en mi cuerpo y hacer milagros en mi vida. Que tu amor perdure. Padre Celestial, hago un llamado a tu nombre más preciado "Papá" para que sea la paloma blanca en mi vida y me guíe en todas mis transgresiones. Que tu presencia ate todos los malos ojos y los convierta en ojos positivos para mí. Que yo vea tu luz brillar en mi vida a diario. Que tu luz ele mi espíritu y mi alma para que siempre salte de alegría por estar vivo. Que tu presencia me ayude a ser innovador, creativo y abierto.

Agradecido,agradecido y agradecido...

Mantenga un diario para el Señor sobre lo que usted está personalmente agradecido por y / o en oración dar gracias a Dios. He enumerado algunas cosasen mi vida que también pueden funcionar para usted.

Papá, estoy agradecido de que en varias ocasiones. Papá, estoy me hayas dado un techo sobre mi agradecido de poder conocerte. cabeza. Papá, estoy agradecido por Papá, estoy agradecido por la mis alimentos diarios. Papá, estoy ropa en mi espalda. Papá, estoy agradecido de que me hayas salvado agradecido por mis cinco sentidos.

Papá, estoy agradecido por la paz que me das. Papá, estoy agradecido por todas las oportunidades que me das. Papá, estoy agradecido por los antibióticos. Papá, estoy agradecido de que me hayas dado los recursos para poder ayudarme a mí mismo. Papá, estoy agradecido de que pongas a personas en mi vida que me dan una mano. Papá, estoy agradecido por todos los dispositivos eléctricos que tengo que hacen mi vida más fácil. Papá, estoy agradecido por mis hermanos y hermanas. Papá, estoy agradecido por todas las cadenas alimenticias en las que me gusta comer. Papá, estoy agradecido por mis padres. Papá, estoy agradecido de que me hayas dado inteligencia. Papá, estoy agradecido por darme naturaleza y sonidos de la naturaleza. Papá, estoy agradecida de que me hayas dado salud. Papá, estoy agradecido por que me hayas dado Parques Nacionales para disfrutar de la naturaleza. Papá, estoy agradecido por darme música agradable para bailar. Papá, gracias por darme entretenimiento, como películas para pasar mi tiempo libre viendo.

Papá, estoy agradecido por la comida orgánica. Papá, estoy agradecido por todos los libros que tengo que me mantienen bien informado. Papá, estoy agradecido de que me hayas dado los recursos para tener una buena higiene. Papá, estoy agradecido por que me hayas dado la comodidad de vivir en una sociedad industrial. Papá, estoy agradecido por mi sonrisa hoy. Papá, estoy agradecido por el aire limpio que respiro.

Papá, estoy agradecido por estar en un estado de calma. Papá, estoy agradecido por tener confianza. Papá, estoy agradecido por ser enérgico. Papá, estoy agradecido por el café y las vitaminas. Papá, estoy agradecido por ser inteligente. Papá, estoy agradecido por la pasta de dientes. Papá, estoy agradecido de que te quedes conmigo. Papá, estoy agradecido de que me estés ayudando en mi viaje espiritual. Papá, estoy agradecido por poder encontrar las palabras para agradecerte. Gracias, Padre Celestial por darme los recursos a través de mi familia inmediata, friends, y compañeros para estar de pie. Gracias por darme la oportunidad de experimentar la naturaleza y las cosas de belleza que me rodean.

Gracias por darme un momento tranquilo donde mi mente y mi alma se sienten relajadas y calmadas. Estoy agradecido por todo lo que haces por mí, Alelluya, Alelluya. Padre Celestial gracias por escucharme. Padre Celestial gracias por estar en mi vida en este día. Gracias por guiarme y darme salud. Gracias, Padre, una y otra vez por todo lo que haces por mí. Padre gracias por darme fe y permitirme nutrirla todos los días.

Gracias por tu amor y que ese amor sea puro y dulce. Gracias por sus bendiciones y por todo lo que hacen que es visto por el ojo humano y en secreto. Gracias, Padre por estar en mi vida todos los días mientras me despierto, me voy a dormir y en el medio cuando necesito edificación. Gracias por todas las veces que me permiten sentirme genial, relajado y tranquilo. Padre Todopoderoso, sé que no siempre te gusta darme lo que mi corazón desea, así que hoy vengo a ti para agradecerte por todas las cosas hermosas que el mundo tiene como fotografía, maquillaje, modelos, una variedad de colores, cielos azules claros, nuevos diseños y patrones; impresiones de animales que fueron creadas por su imaginación y creatividad únicas. Gracias por la belleza en los árboles y la naturaleza. Gracias por la sonrisa en las caras de los bebés. Gracias por el cambio de estación. Gracias por todo lo que es hermoso y gracias por la juventud que tuve. Gracias por la sonrisa que tengo. Gracias, Padre.

El amor de Dios...

Diosesmi papá y el amor de papá es real. El amor de papá puede iniciar un incendio bajo cualquier lluvia. El amor de papá puede sostener una amistad por tiempo indefinido. El amor de papá es una pasión magnánima. El amor de papá es eterno. El amor de papá es cariñoso y de apoyo para los más necesitados. El amor de papá mantiene el sol, las estrellasyla luna en rotación hacia la Tierra. El amor de papá es un amor universal que puede ser entendido en cualquier idioma. El amor de papá es incondicional al color de la piel, la altura o el tipo de cabello. El amor de papá se muestra a través de todas las pequeñas y grandes cosas que pedimos y él concede. El amor de papá es por todos los que están bajo el sol que están dispuestos a creer en él. El amor de papá es platónico porque él también será tu amigo. El amor de papá nos sostiene. El amor de papá me da la energía para despertarme por la mañana. El amor de papá me da la tranquilidad de dormir inquieto. El amor de papá me hace querer nacer de nuevo. El amor de papá es la vida, porque donde hay amor hay vida y una continuación de las especies.

Build Me Up...

Sé que no soy el único, pero me amo de todos modos. Edificadme, no me desmepen porque entonces no seré el mismo. Te necesito y quiero que me ames porque sin ti no seré el mismo. Edificadme, no me desmepen porque entonces no seré el mismo. Edificadme, no me desmepen porque entonces no seré el mismo. Oh, Padre, sé que no soy el mismo. El tiempo ha cambiado y las cosas no son iguales. Oh, el tiempo ha cambiado, y las cosas no son las mismas, pero quédate conmigo y construyeme para que tu amor sea ilimitado...... Oh, que sin ti mevuelva loco. Oh, construirme y amarme sin fin........ construirme. Oh, edificarme y Oh, dependo de ti para ser mejor ámame de todos modos. No puedo que el mismo. Oh, edificarme y hacerlo solo. Oh, sé que no soy el amarme infinitamente antes de mismo, pero que tu amor por mí volverme amargado y loco. Oh, siga siendo el mismo.... Oh Padre, estar conmigo y amarme sin fin. ámame de todos modos.......... Oh, Oh, Padre quiero vivir contigo...

Fuerza...

PAPÁ es mi fuerza moral. Cuando me siento deprimir y quebrado, papá es la fuerza que ata mi alma. Él es la luz que abraza mi espíritu; con él siempre me siento unido. Él es el único que puede reparar mi vaso roto.

Unidos Estamosde pie, somos uno... Estamos apretados.... Nos atamos como pegamento.... Y podemos hacer cualquier cosa que nos propongamos hacer... Porque tenemos el poder.... Tenemos la fuerza y su nombre significa todo... (Jehová) El fervor que ilumina mi día. Con Él, todo es posible.

Fuerza, PAPÁ es mi fuerza. La sal y la especia en mi vida. Él es el deleite en mimiedo. La luz en mi camino. El susurro en mi oído. La que me puede hacer animar. Mi familia; Mi amigo my todo. El que lo creótodo. Y con él puedo hacerlo todo

Perdón...

Padre, Jehová, ten misericordia de nosotros. Señor, ten misericordia de nosotros. Dios, Padre de los Cielos, ten misericordia de nosotros. Padre de todos ten piedad de nosotros. Dios, el Espíritu Santo ten misericordia de nosotros. Nuestro Verdadero Padre ten misericordia de nosotros. Padre, Hijo, y el Espíritu Santo tienen misericordia de nosotros. Padre Jehová, cuyo nombre es acebo, ten misericordia de nosotros. Señor Jehová, lo más preciado ten misericordia de nosotros. El padre más maravilloso, Jehová, ten misericordia de nosotros. Padre Celestial, Jehová, espíritu de verdad que tiene misericordia de nosotros. Padre Celestial, Jehová, de amor que tiene misericordia de nosotros. Padre, Jehová, de grandeza, sigue teniendo misericordia de nosotros.

Jehová, master del universo, continuar teniendo misericordia de nosotros. El Padre más talentoso tiene misericordia de nosotros. El Padre más dotado, Jehová, continúa teniendo misericordia de nosotros. El Padre más amable, Jehová, ten misericordia de nosotros. El Padre más elevado, Jehová, continúa mostrándonos tu misericordia. Padre de gran corazón, Jehová, ten misericordia de nosotros. Señor Magnánimo ten misericordia de nosotros. Señor a quien glorificamos tiene misericordia de nosotros. El Padre más digno, Jehová, continúa teniendo misericordia de nosotros. El Padre más edificante, Jehová, tiene misericordia de nosotros. Majestuoso Padre, Jehová, ten misericordia de nosotros. Padre Maravilloso, Jehová, continúa mostrándonos misericordia. Padre Milagroso, Jehová, ten misericordia de nosotros. Padre asombroso, Jehová, ten misericordia de nosotros. Padre asombroso, Jehová, ten misericordia de nosotros. Padre extraordinario, Jehová, ten misericordia de nosotros. Padre, Jehová, creador de todos, ten piedad de nosotros. Padre Celestial, Jehová, cuya voz puede ser el sonido de la música clásica, ten misericordia de nosotros. Señor de la pasión y todas las cosas hermosas tienen misericordia de nosotros. Padre Jehová que instala la esperanza, ten misericordia de nosotros. Padre del perdón ten piedad de nosotros. El Padre más admirado, Jehová, ten misericordia de nosotros. El Padre más maravilloso, Jehová, continúa mostrándonos misericordia. El Padre más amoroso nos muestra misericordia. Perdónanos por nuestros pecados y no olvides a tus hijos. Padre Celestial, Jehová, lo siento si te he ofendido, te ruego que por favor me perdones y estés siempre en mi vida. Que me perdones y me ayudes a transformar mi mente y mi alma porque temo vivir una vida sin esperanza para los días del mañana.

Por favor, perdónanos de la misma manera que perdonamos a los demás y nos alejamos de la tentación. Por favor, perdóname con tu gigantesca alma bondadosa. Padre muy poderoso, Jehová, por favor perdóname por ser desobediente, descuidado y por hacer cualquier cosa que pueda ofenderte. Padre Celestial, Jehová, gracias por estar en mi vida. Gracias por perdonarme todos los días. Gracias por estar conmigo todos los días de mi vida. Gracias por darme el privilegio de conocerte a un nivel más personal. "Yo soy" ten piedad de nosotros.

Confesiones...

Te confieso y oro para que me renueven para que mis acciones futuras no te ofendan. Me confieso a mí mismo por cualquier momento que pueda haber sido infiel a usted, voluntariamente o distraídamente. Te confieso Padre por cada vez que haya usado tu nombre en vena. Te confieso Padre para cualquier ocasión que no he sido respetuoso con mis padres. Te confieso Padre porque en todo momento no he sido respetuoso con la naturaleza. Te confieso Padre por cualquier momento que no he sido respetuoso con mis compañeros. Te confieso Padre por cualquier acto que yo haya hecho que fuera impuro a tus ojos. Te confieso Padre por cualquier pequeña mentira, mentira blanca, o mentira importante que he dicho. Te confieso Padre por cualquier pensamiento impuro que pueda haber tenido hacia cualquiera. Te confieso Padre por cualquier momento en el que haya deseado las pertenencias de mi amigo. Te confieso Padre por todos los tiempos en los que he tenido poca fe. Te confieso Padre por todas las veces que no he estado agradecido. Te confieso Padre por las veces que no he estado dando a los menos necesitados. Te confieso Padre todos los actos que he hecho descuidadamente y sin esforzarme por alcanzar la perfección. Te confieso Padre por todos los pensamientos que tengo que te ofenden.

Espero declaraciones...

Espero ser rescatado. Espero poder ahorrar dinero para un día lluvioso. Espero tener éxito en algo que hago. Espero mejorar mis habilidades y destrezas. Espero tener paz. Espero ser feliz. Espero hacer una diferencia positiva en el mundo. Espero que la gente se sienta orgullosa de conocerme. Espero cambiar los errores que he cometido. Espero recuperarme por completo. Espero ser feliz. Espero no deprimirme nunca. Espero nunca estar sin hogar. Espero hacer una diferencia positiva en el mundo. Espero disfrutar de mi vida. Espero que mi situación mejore. Espero hacer buenos amigos que harán una diferencia positiva en mi vida. Espero tener cosas de valor. Espero que mi madre tenga buena salud. Espero ser un peso saludable y estar saludable en general. Espero tener siempre buena vista. Espero poder hacer amigos. Espero inspirarme. Espero ser creativo. Espero ganar más dinero. Espero poder ayudarme a mí mismo. Espero que las cosas en mi vida mejoren pronto. Espero estar en buenos términos con nuestro creador. Espero ser una bendición para los menos afortunados. Espero **(sus esperanzas e intenciones)** _____

Escucha Nuestras Oraciones Padre...

Escuchen NuestrasOraciones, la mayoría de los grandes Padres escuchen nuestras oraciones. El Padre más encantador escucha nuestras oraciones. Jehová, la luz en nuestras vidas escucha nuestras oraciones. Jehová, los más poderosos escuchan nuestras oraciones. Jehová, que puede hacer realidad nuestros sueños hoído nuestras oraciones. Señor, Jehová, que puede edificarnos, escucha nuestras oraciones. El Verdadero Padre escucha nuestras oraciones. Padre que iluminanuestro espíritu escuchar nuestras oraciones. Padre que es misterioso escucha nuestras oraciones. Padre, Jehová, que es aire fresco en nuestras vidas, escucha nuestras oraciones. Padre que tiene el poder de enviarme al infierno escuchar mis oraciones. Padre Jehová, cuyo amor puede proporcionarnos una existencia de cuento de hadas en el Cielo, escucha nuestras oraciones. Padre, Jehová, de devoción escucha mis oraciones. Padre de todos escucha mis oraciones. El Verdadero Padre, Jehová, cuya luz anima el alma, escucha mis oraciones. Padre Eterno, Jehová, escucha mis oraciones.

Oraciones a nuestro papá...

La oración es el mayor poder que nuestro Verdadero Padre nos dio, y debemos usarla sabiamente. Rezo para que mis padres y hermanos siempre tengan felicidad. Pido esto o algo mejor para ellos y para mí. Oh,

Padre Celestial, Jehová, que puede hacer realidad nuestros sueños. Por favor, escuchen nuestras oraciones y perdónenme porque estoy en gran necesidad. Lo siento por haberte ofendido y que mis acciones futuras en mi vida me ayuden a redimirme contigo. Ayúdame a encontrarte y a encontrar la felicidad. Abba, Jehová, quien hace realidad todos nuestros sueños. Por favor, escuchen nuestras oraciones. Déjame sentir tu calidez. Dame felicidad y déjame aguantar y superar todos los problemas que se me presenten. Ustedes que son los más altos por favor sanen cada hueso, músculo y tejido en nuestros cuerpos.

Precioso Padre, Jehová, que me ha dado a conocer su nombre y que es eterno. Rezo para que no me dejen ir. Padre Celestial por el que oro**(nombre de la persona)**_____ para que tenga una vida eterna llena de amor y felicidad y para que ustedes concedan los deseos del corazón. Que nos ayudes a encontrar tu gloria y que siempre nos des nuestro pan de cada día. Por encima de todas las cosas, oro para que tu voluntad se haga en la Tierra como lo es en el Cielo.

Rezo por, **(nombre de la persona)** _____ para que puedas amarlo y darle salud. Por favor, ponga una sonrisa en su/su cara. Por favor, guíela / él y déle sal para usted es sal. Perdona y continúa amando a todos tus hijos. Padre Celestial, por favor, concédeme mis deseos de corazón que son para bien. Jehová, tú eres mi salvación y nunca quiero perderte.

Que amas **(nombre de la persona)** _____ ahora y hasta siempre. Ayúdame a encontrarte una y otra vez. Que tu luz toque mi existencia, una y otra vez y que tu fuerza no me lastime. Que tu amor eleva mi espíritu, y que siempre regreses a mí, incluso cuando los tiempos son difíciles. Entiendo si usted no quiere responder a mis oraciones o hablar conmigo. Reconozco que he caído entugloria.

También reconozco que debo repasar mis habilidades de escucha y aprender a prestaratención a susseñales no verbales. Espero que pronto puedas perdonarme y hablarme palabras encantadoras. Espero que con cada día que pasa pueda aprender más y más sobre ti para aprender a complacerte y hacerte feliz. Oro para que siempre estés alegre conmigo.

Padre, Jehová, cuyo nombre tiene el mayor honor. Rezo por **(nombre de la persona)** _____ y para que siempre puedas ser adorable, amable y comprensivo con ella/él. Te pido que le des una vida eterna llena de felicidad. También les pido que les concedan todos los deseos positivos de su corazón y que pueda haber dos cielos para que más personas experimenten una vida eterna inmediatamente después de fallecer y no tengan que esperar hasta el final de los días para experimentar el cielo o tengan que esperar en el valle de la muerte durmiendo hasta el final de los días.

Que nos alejes de todas las tentaciones y que tu voluntad se haga en la Tierra como lo es en el Cielo. Papá que está entre nosotros, rezo para que tome decisiones positivas estamañana, tarde,noche y por el resto de mi vida. Estoy agradecido por ti en mi vida y rezo para que ninguna de mis decisiones te haga disgustarme y para que me vuelvas a poner en el camino cuando me salga del curso. Rezo por mis hermanos, _____ para que tengan felicidad. Ayúdanos siempre a estar sanos y lo más importante a seguir creciendo espiritualmente. Oro para que siempre pueda ser guiado por tu espíritu de acebo. Que mis ojos se abran a mi desobediencia a ti para que yo siempre camine de acuerdo contigo. También oro para que me concedas paz y felicidad.

Querido papá verdadero...

No sé qué dirección tomar en la vida. Soy pobre y miserable. Por favor, dame orientación sobre lo que puedo hacer para mejorar mi vida. Tengo una gran necesidad. Por favor, abra las puertas para mí y los miembros de mi familia inmediata. Ayúdame a alcanzar todo mi potencial en la vida y en el más allá. Ayúdame siempre a encontrar el uso adecuado de las palabras cuando me dirijas a ti mi honor. Ayuda a pedir esto o algo mejor.

Que tu voluntad se haga en la Tierra como lo es en el Cielo. Padre Celestial, Jehová, gracias por estar conmigo. Por favor, ayuden a mi hermana y amihermano, _____ Padre. Por favor, ayúdelos a tener un empleo estable. Por favor, perdónala/él por cualquier cosa que ella/él haya hecho que pueda haberte ofendido. Por favor, dalefelicidad aella/ella y un mañana mejor. Por favor, sea amable con suPadre/ él. Pido esto o algo mejor.

Padre Celestial, Jehová, oro por _____ Padre Celestial. Por favor, ayúdame a ayudarla aella/a él Padre Celestial. Por favor, dale sabiduría y sal al Padre Celestial. Por favor, permítanle ser feliz Padre Celestial.

Por favor, ayuda (**nombre de la**persona) _____see ti y experimentar tu gloria. Por favor,ayúdala /él a continuar con élr/su fe. Por favor, ama (**nombre de la persona**) _____ . Por favor, sea amable con (**nombre de la persona**) _____. Por favor, sea amoroso hacia (**nombre de la persona**) _____. Por favor, sea comprensivo con (**nombre de la persona**) _____

Gracias, Padre, por escucharme porque sé que a veces puede ser una tarea difícil de hacer. Ayúdanos a tener siempre esperanza. Enciende una vela y espera a Dios que obtengas las cosas que deseas en la vida. Espero un mañana mejor. Espero que valga más. Espero tener más valor. Espero tener siempre salud. Espero recuperar mis fuerzas. Espero ser enérgico y alerta. Espero conseguir una carrera. Espero ser tratado con respeto por los demás. Espero ser siempre autosuficiente. Espero que mi familia pueda mejorarse a sí misma. Espero un mañana mayor.

Cuarto Viaje – Prueba de Fe

Jehová tal como yo lo conozco...

Cuando tenía aproximadamente cuatro años, un niño me empujó en una piscina y me ahogué. Recuerdo que mi alma se burlaba de mi cuerpo y mientras mi alma se elevaba, podía mirar hacia abajo y ver mi cuerpo desobedeciendo en el agua. En casi ningún momento Dios me llevó a un lugar de retención donde van las almas de los difuntos. Llegué a este lugar casi inmediatamente después de que me ahogaba y había otras personas allí. Recuerdo que me hablaron para calmarme cuando empecé a llorar porque no sabía dónde estaba y la razón más obvia para llorar era que acababa de salir de mi cuerpo. Las personas que estaban en este lugar de espera eran muy amables conmigo y pensé que estaban relacionados conmigo. Recuerdo que me quedé quieto, mientras me pedían que entrara en la luz. Mi cuerpo se congeló y no sabía cómo iba a entrar. Luego me pidió de nuevo que entrara en la luz y esta vez la luz se hizo grande. Estaba a punto de entrar en la luz, pero antes de hacerlo, le pregunté si podía ver su cara primero. Recuerdo que mientras trataba de ver su cara una imagen comenzó a crecer muy alto, y luego se encogió, pero no me mostró su cara.

Luego me llevaron a una panadería donde solía ir con mis padres todo el tiempo. Pronto salí del lugar de espera que parecía una cueva y llegué a una panadería. No estoy seguro de cuánto tiempo estuve en la panadería, pero poco después me desperté. Me despertaron y me llevaron de vuelta a mi cuerpo terrestre después de que me dieran RCP. Cuando desperté la primera imagen, vi que era mi padre varón de nacimiento, el Dr. Benji, y le dije que Dios me dijo que lo volvería a ver. Hoy llamo al Dr. Benji mi padre varón porque mi verdadero papá, que es Dios me dijo que no lo llamara papá porque es muy celoso y no le gusta la cantidad de gente que llamó papá al Dr. Benji. Cuando me desperté después de ahogarme, no podía creer que vi al Dr. Benji. Luego me llevaron a la sala de emergencias, donde me bombearon el estómago de toda el agua que había tragado en la piscina y me examinaron. Recuerdo que le conté lo que me pasó a mí, así como sobre la panadería. Estaba increíblemente feliz de verme con vida y de que no tuviera ningún daño cerebral. También me dijo que tenía una historia que podía compartir con otros por el resto de mi vida.

En algún momento después de que mi padre biológico masculino, el Dr. Benji, muriera. Fui a su funeral y fue como un concierto porque era amado por tanta gente que parecía que yo estaba en un concierto. Cuando me ahogué y estaba en una cueva, me dijeron que lo volvería a ver, por lo tanto, siempre creí que lo volvería a ver en el Cielo después de que muriera. Estoy esperando volver a ver al Dr. Benji en el Cielo, ya que Dios se ha revelado a mí y me ha dicho que le gusta mucho y que está en el Cielo. Durante el tiempo que mi alma salió de mi cuerpo, una anciana que apareció en nuestra casa le había dicho a mi madre Grace que me había ahogado en una piscina. Mi madre se puso de rodillas y comenzó a orar. Ella oró a Nuestro Verdadero Padre y a nuestra Madre Grace para que intercedieran por ella para traerme de vuelta a la vida.

Se realizó un milagro cuando mi alma entró en mi cuerpo de nuevo. La RCP que me dieron junto con la oración de Grace convenció a Nuestro Verdadero Padre de traerme de vuelta a mi cuerpo terrestre. Fui resucitado por la gracia de Nuestro Verdadero Padre. Se me dio una segunda oportunidad en la vida, ya que en ese momento se determinó que no iba a entrar en el Reino de dioses, ya que mi cuerpo se congeló al intentar entrar en la luz.

Ha pasado mucho tiempo, desde entonces. Me habían preguntado varias veces si Dios era real o si yo creía en Dios y si conocía el nombre de Dios. Sé que me había ahogado, pero todavía no podía decirle a la gente cuál era el nombre de Dios, qué religión elegir o cuál es su color favorito que ahora sé que es blanco o lo que le gusta comer, que ahora sé que no puede hacer o lo que lo define, que ahora sé que es el amor. Me frustraba con la gente cuando trataban de convencerme de que Dios no era real. Recuerdo conversaciones que la gente tenía frente a mí con respecto al Arco de Noé y si yo creía que eso sucedió. Recuerdo haber defendiendo el suceso afirmando que el ahogamiento no es tan malo. Cuando una persona se ahoga, muere inmediatamente. Hubo muchas veces en las que pensé que el incidente que me sucedió cuando era pequeño era un sueño. He hablado con intelectuales que tienen grandes respuestas y teorías sobre por qué el Dios de la Biblia no era real. Tienen grandes teorías y argumentos que me han hecho sentir muy frustrado. Siempre creí que uno se encontraría con Dios cuando muriera y no tenía ninguna explicación de por qué o cómo Dios elige escuchar nuestras oraciones. He llegado a conocer al Dios de la Biblia más que la mayoría y ahora puedo decir que lo conozco por mi nombre. Creo que ha pasado mucho tiempo desde el Antiguo Testamento y que él ha cambiado algo desde entonces. Espero seguir conociéndolo y que nuestra amistad se fortalezca.

Hay muchos detalles que han ocurrido en mi vida, desde el primer evento hasta la revelación del nombre de Dios...... Fui bautizado cristiano en una piscina cuando tenía dieciocho años... Obtuve mi licenciatura en Servicios Humanos con énfasis en Salud Mental.... He desempeñado muchos papeles en la vida, como estudiante, hermana, voluntaria y tía.... He tenido muchas lecciones de vida que me han dado forma y moldeado y todavía estoy siendo moldeado y cambiado por la vida. Poco después de graduarme de la universidad me lesioné debido a un accidente durante el verano. Era un día soleado que conducía al trabajo como lo hacía normalmente cada día. Tenía ganas de llegar al trabajo porque sabía que esperaba un día lleno de diversión, ya que los niños con los que trabajé se reían durante el juego acuático. Esperaba hacer la resolución de conflictos con los niños cuando no podían decidir quién estaba fuera durante un juego de dodge ball y esperaba sonreír cuando noté el progreso en las habilidades sociales de los niños. Desafortunadamente, hacia el final del verano de julio estuve involucrado en un accidente automovilístico, lo que me hizo sufrir una conmoción cerebral. Pronto me diagnosticaron síndrome post conmoción cerebral, que impactó la dirección de mi vida. La migraña que estaba recibiendo de la conmoción cerebral fue una de las principales razones por las que la dirección de mi vida ha cambiado tan drásticamente. Poco sabía en ese momento que un accidente automovilístico podría causar tanto daño a unapersona. Ahora todo tiene sentido, una mirada de preocupación y angustia incluso viene a la mente cuando alguien con quien me encuentro me dice que estuvieron en un accidente. Estaba "teed" ese verano y giró fuera de control varias veces en ambas direcciones. Me desnaté y volví a la conciencia por lo que parecía una eternidad, a pesar de que podría haber sido sólo varios segundos. Ese día estaba como un ciervo sorprendido atrapado en medio de la carretera por los faros de un coche que se aproximaba. Después del accidente que estaba en estado de shock, me sentí aturdido y confundido durante varios años más tarde.

Durante varios años después del accidente me sentí muy aturdida y confundida mirando al espacio a veces durante varias horas a medida que pasaba el tiempo. Los medicamentos que tomé ayudaron a que esto no ocurriera tan a menudo, pero una vez que una mujer sana que no tomaba medicamentos era inexistente. Ese día me pasó algo muy extraño, algo muy espeluznante. Me derriba la cara pensar que en un instante podía ser un graduado universitario seguro de sí mismo con millones de esperanzas para el futuro y un golpe que me salió de control en un estado de turbulencia me dejó intranquilo. Los pensamientos de nunca recuperarse vinieron a la mente. Las voces en mi cabeza decían: "Oh, mi, soy una mujer que está sufriendo y con dolor y siempre seré así, NUNCA me recuperaré". Había perdido la esperanza ya que sentía que estaba empeorando cada día después del accidente. He aprendido, desde entonces, que siempre debemos pensar positivamente, y las cosas mejorarán. Cada día era diferente, pero poco a poco uno podía notar que ya no era la misma Cyndy segura y feliz que todo el mundo había conocido. Había días conhere me acostaba en la bañera con hielo, para recuperarme. En ese momento yo estaba viviendo con mi esposo que después de tener mi conmoción cerebral llevó a un efecto dominó de las cosas que contribuyeron a que nos divorciáramos, y pude recordar que se molestó conmigo porque cuando se iba a trabajar me dejaba acostado en la cama mirando al espacio y cuando regresaba no me había mudado, estaba haciendo exactamente lo mismo. Yo era un ciervo atrapado en los faros...... mi mente estaba en shock. Mi mente negaba que yo estuviera herido; por lo tanto, todavía estaba tratando de ir a mi trabajo a tiempo parcial unas semanas después delaccidente. Mi supervisora era muy consciente de que yo había estado en un accidente automovilístico, por lo que se complació conmigo: al darme permiso para no cumplir con mis responsabilidades como trabajador; por lo tanto, no tuve que barrer ni recoger nada para el caso, todo lo que tenía que hacer era observar a los niños. Cuando no estaba siendo supervisado, me colocaba bolsas de hielo en el cuello de la cabeza y la espalda para estar allí. No quería hacerles saber lo mal que realmente me sentía.

Pasaron los días y los niños empezaron a quejarse de que ya no jugaba a dodge ball con ellos; hacer cualquiera de las actividades acuáticas, jugar al fútbol,fútbol, o cualquiera de las actividades en las que tan a menudo participé. Los niños estaban jugando a la intemperie en el patio de recreo y yo no respondí tan rápido como lo hubiera hecho, ya que estaba haciendo mi observación de ellos desde un banco lejano, debido al hecho de que estaba en tanto dolor. Mis capacidades de tutoría también fueron cuestionadas cuando nunca habían sido cuestionadas antes. El dolor de alguna manera me quitó la capacidad de ayudar a los niños con habilidades matemáticas simples. Luego me dieron permiso de mi supervisor para tomar tiempo libre del trabajo hasta que mejorara.

Durante este mismo tiempo, mi vida en casa también estaba sufriendo. Mi esposo, que una vez estuvo tan dispuesto a pasar todo su tiempo conmigo de repente, no se saltó un latido del corazón para salir los fines de semana sin mí cuando siempre estábamos unidos por la cadera, mientras que yo me quedaba en casa en la cama medicada con varios analgésicos para dormir. Supongo que fue justo, una persona lesionada no es divertido estar cerca con. Mis amigos que ya no son mis amigos se dieron cuenta de lo gravemente herido que estaba, mientras conducía como pasajero con ellos. Me dolía y me dolía mucho con cualquier pequeño movimiento y se dieron cuenta. Fue un compañero de trabajo anterior quien me remitió a un abogado. Pronto programé una cita con un abogado. Entré en su oficina literalmente sin poder dormir durante tres meses, debido a que la parte posterior de mi cabeza y cuello estaban hinchadas y el dolor que tenía en otras partes de mi cuerpo. Asocio todo lo que me ha pasado con el traumatismo craneoencefálico que recibí en julio. Entré en la oficina de mi abogado inquieto de no dormir para representar mi caso. Yo estaba indeciso en ese momento para obtener un abogado porque estaba bajo la idea errónea de que algunos abogados eran mentirosos y tramposos, pero sabía que tenía que conseguir uno por la retroalimentación que estaba recibiendo de varias personas en mi vida que necesitaba un abogado, así como la continuación del dolor que estaba teniendo. Tener que ir a ver a un abogado, debido a un accidente automovilístico me recordó a la muerte. La muerte vino a la mente debido a personas importantes en mi vida a quienes asocié con abogados.

Una persona importante que asocié con ir a visitar a este abogado fue mi tío, que una vez había sido abogado en su país y había fallecido; también un amigo fallecido que nunca tuvo la oportunidad de perseguir su sueño de convertirse en abogado debido a una muerte temprana y lo más importante, asocié el accidente automovilístico en julio con mi muerte y con la muerte de mi padre biológico masculino, el Dr. Benji, quien falleció en el mes de septiembre, debido a un accidente automovilístico en la autopista. La muerte también estaba en mi mente porque el día de mi accidente recuerdo una breve oración en mi cabeza que decía: "Dios, por favor ayúdame, no quiero morir". Pensé que iba a morir y ser juzgado por Dios. El conocimiento que tengo de la Biblia me hizo sentir que no estaba preparado para morir o ser juzgado por Dios porque me había alejado de la iglesia. Lo más importante es que asocié mi visita con este abogado con ser juzgado por Dios, debido a las declaraciones en la Biblia como uno debe obedecer todas las leyes de la nación en la que uno vive y en mi mente asocio a los lawyers, y los líderes políticos con la disciplina y el juicio.

Cuando salí de la oficina de mi abogado me sentí bien, me fui a casa y me sentí un poco incómoda por haberme reunido con él, poco después comencé a experimentar sentimientos terriblemente malos. Me volví paranoico, ansioso y nervioso. Mi esposo en ese momento asoció esto con mi falta de sueño. Luego sentí que me descubría en la oficina del abogado y estaba recibiendo flashbacks de una experiencia traumatizante. No sabía de dónde venían mis pensamientos, pero sentí que mi abogado había puesto algo en mi taza llena de agua.

Me vinieron a la mente recuerdos de mí perdiendo el control de mis emociones. Tenía sentimientos paranoicos de que mi abogado había puesto un suero de verdad en mi agua que me hizo decirle cada evento traumatizante que me había sucedido en mi vida. Recuerdo flashbacks de mi abogado convirtiéndose en varios personajes, incluyendo a Dios y yo estaba siendo juzgado porque él estaba en alta autoridad. Recuerdo que estaba en la oscuridad, grabado en video mientras decía cosas obscenas. Recuerdo haber visto una luz roja de la cámara de video grabándome, mientras estaba de rodillas orando y pidiendo perdón a Dios y que me ayudara. Me desmayé y no me atuve de acuerdo durante los siguientes dos años, pero apareció un espíritu y me dijo que me estaban castigando por algo que hice mal, pero durante el siguiente par de años me desmayé y no recordé nada. Dios apareció en la oficina del abogado y el abogado trató de defenderme, Dios me hizo olvidar lo que sucedió y no me atuve hasta que sentí el espíritu total años después. Mi psicosis no terminó en la oficina de mi abogado, de ahí en adelante después de que todo lo que se me ocurrió fue por él. Sentí que de alguna manera había predicho lo que me iba a pasar antes de que ocurriera.

Me tomó alrededor de un año convencerme de que todo lo que estaba sucediendo en mi entorno no se debía a mi abogado y que no había predicho ningún evento de mi vida en el breve encuentro que tuvimos. Seguí diciéndome a mí mismo que no había manera de que él pudiera haber previsto mi futuro en un encuentro. Con el tiempo, pasó tanto tiempo que finalmente creí que no tenía nada que ver con mi vida. Cada vez que hablaba con alguien sobre mi abogado, llegaba a la conclusión de que la gente pensaba que estaba loco. Mi estómago se lanzaba cuando pensaba en lo que pasaba o en lo que creía que pasaba ese día. Recuerdo recuerdos de mí gritando en voz alta llamando a los policías, siendo grabado en video, siendo hipnotizado, en general tuve una crisis nerviosa debido a todo el dolor físico y mental que estaba pasando en mi vida, que fueron causados por ese momento. Poco después de que salí de la oficinade abogados, hablé con mi esposo sobre lo que pensé que sucedió o lo que realmente sucedió en la oficina de mi abogado y él me miró fijamente. La próxima vez que estuve en presencia de mi abogado fue para denunciarlo como mi abogado y recoger mis papeles. Entonces estaba convencido de que algo realmente sucedió en su oficina cuando recuerdo que todas las luces se apagaron y yo grité de rodillas para que Dios me ayudara. El incidente que realmente me convenció fue cuando vi cómo sus manos temblaban mientras me devolvía mi archivo. Recuerdo estar muy molesto cuando sentí que mi esposo no creía lo que estaba diciendo con respecto a algo muy extraño con mi encuentro con mi abogado.

Ahora pienso y reflexiono que lo más probable es que mi esposo no me creyera porque la historia que dije era simplemente increíble de creer. De repente me asusté mucho a los abogados o a las figuras de alta autoridad. Era reacio a ir al hospital porque no tenía seguro médico, pero el terrible dolor en la cabeza y el cuello se volvió más insoportable.

Ya no podía soportar vomitar, tener malestar estomacal y no poder dormir. Fui acompañada al Hospital Médico de la UCI por mi esposo en medio de la noche. Mis quejas de dolor en la cabeza e historias extrañas, como la que estaba declarando de mi abogado conducen a una tomografía computarizada con un diagnóstico de síndrome post conmoción cerebral. Recuerdo que un enfermero me dijo: "por cierto, actúas como si pensaras que tenías un tumor cerebral". Le pedí que me dijera esto delante de mi esposo, pero el enfermero no lo hizo. Necesitaba que me dijera delante de mi marido para que me confirmara, lo que el enfermero estaba diciendo en realidad porque en ese momento no estaba segura de si las cosas eran reales o no y si estaba escuchando cosas. Estaba desorientado y, aturdido, y no estaba seguro de lo que era real o no, especialmente después de lo que recuerdo que sucedió con mi abogado.

Después de salir del Centro Médico UCI mi paranoia continuó. De alguna manera pensé que tenía un tumor cerebral; mi cerebro no podía procesar una broma o exageración. En ese momento, un tumor cerebral se sentía como si fuera mucho peor que tener un síndrome post conmoción cerebral, debido al hecho de que antes de mi diagnóstico nunca había oído hablar de una condición llamada síndrome post conmoción cerebral, pero había escuchado que un tumor puede matar a una persona. Recuerdo haber tenido pensamientos paranoicos hacia los medicamentos que me dieron, debido al hecho de que algunas de las marcas en ellos tenían un sello "Lilly", lo que me hizo creer que mi amiga Lilly tenía algo que ver con mi accidente, que ahora me parece cómico. En mi delirio y paranoia, pensé que ella estaba en el chiste sarcástico que la vida me estaba dando, que fue el accidente traumático que ocurrió en julio. También tenía pensamientos paranoicos de que mi amiga que me había referido a mi abogado estaba de alguna manera involucrada en que yo estuviera en un accidente, ya que ella me refirió a mi abogado y yo estaba decidido a que pusiera algo en mi agua para hacerme volver loco, lo cual, me parece cómico ahora. En mi delirio y paranoia, pensé que ella estaba en el chiste sarcástico que la vida me estaba dando, que fue el accidente traumático que ocurrió en julio. También tenía pensamientos paranoicos de que mi amiga que me había referido a mi abogado estaba de alguna manera involucrada en que yo estuviera en un accidente, ya que ella me refirió a mi abogado y yo estaba decidido a que pusiera algo en mi agua para hacerme volver loco.

En otra ocasión, creo que tener dolor me hizo intentar suicidarme saltando sobre el muelle de Newport Beach. En mi psicosis me desorienté, mientras intentaba visitar a mi abogado. Ya no quería que fuera mi abogado, debido a los recuerdos que recordé ocurrieron en su oficina, por lo tanto, mientras conducía allí me perdí y tuve un ataque de ansiedad. Llamé a mi esposo por teléfono casi llorando mientras intentaba llegar a mi destino. Luego recuerdo conducir hacia paisajes familiares y conducir en círculos. Empecé a entrar en pánico sin saber dónde estaba y de alguna manera terminé en New Port Beach. Estacioné mi auto en un espacio vacío, mientras hablaba con mi esposo. Mi esposo trató de calmarme mientras escuchaba ansiedad y estrés en mi voz y me confirmó que vendría a buscarme y me ordenó que me quedara donde estaba. Cuando me bajó del teléfono con mi esposo sin contemplar un intento de suicidarme, me bajó de mi vehículo e histéricamente comencé a gritar y a dirigirme hacia el muelle, sosteniendo mi cabeza mientras palpitaba. Estaba al final del muelle, mientras miraba por encima del muelle en el agua y contemplaba saltar. Estaba a punto de poner mi pierna sobre el muelle cuando alguien me llamó. Supongo que alguien había llamado a la policía porque pronto me acompañaron a una ambulancia y me dirigí hacia el Hospital Hoag Memorial. Recuerdo que gritéa los policías porque pronto me escoltaron a una ambulancia y me dirigí hacia el Hospital Hoag Memorial. Recuerdo gritar y gritar histéricamente de dolor y angustia y llamé a mi esposo para que me rescatara como lo hizo el día del accidente. Llegué a la conclusión de que el dolor podía hacer que una persona se volvía loca.

En la historia las personas habían sido colocadas en instituciones mentales, debido a que tenía un dolor de dientes y ahora sabía por qué, ya que me estaban remitiendo a un programa parcial, debido al dolor y mi intento suicida en el muelle. Fui al Programa Parcial, donde me enteré de que había clientes como yo que eran extremadamente educados e inteligentes y estaban experimentando problemas mentales como yo. Durante este tiempo, me di cuenta de que escuché la bocina y la llegada de la camioneta que me recogería en mi dirección antes de que aparecieran. También experimenté estrés porque me recogieron en un vehículo, que también transportaba a personas con pensamientos suicidas, pensamientos de querer matar a otros, querer iniciar incendios y quién sabe qué otros problemas. No quería molestar a la persona equivocada y quedar atrapado en llamas por ello.

Mientras estaba en el Programa Parcial, me molestó mientras asistía a varios grupos porque sentía que conocía el material que estaban enseñando. Sentí que mi problema era el dolor que estaba experimentando y todos los demás en el grupo notaron que estaba en dolor extremo y angustia, así que me dieron permiso para dejar el programa después de un corto tiempo de estar allí con el fin de buscar alivio del dolor físico. En este momento, también estaba experimentando pensamientos distorsionados; Sentí que el programa se puso en marcha para enseñarme una lección. Pensé que todo lo que se me ocurría estaba influenciado por alguien con mucho dinero que no me gustaba. No recuerdo exactamente lo que me dijo una paciente, pero pensé que iba a aparecer en mi casa tres meses después para explicarme cómo todo lo que ocurrió allí fue un set up para una película o simplemente para hacerme una broma. Después de salir del programa esperé y la chica no se presentó, por lo tanto, me confirmé a mí misma que estaba alucinando.

Mi psicosis también afectó negativamente a otras partes de mi vida. Me pidieron que asistiera a una entrevista para ser aceptado en un programa de maestría, pero debido a sentirme desequilibrado no asistí a la entrevista. Si hubiera sido antes de la conmoción cerebral (incidente) habría estado más que seguro de mí mismo de que habría respondido a todas las preguntas adecuadamente y habría sido aceptado. Sentí que había algo mal con mi juicio y que no podía controlar cómo respondía a una pregunta o evento. Sentí que si me hacían cualquier tipo de pregunta, podía estallar como lo hice en la oficina de mi abogado, por explosión quiero decir que mis emociones podrían get fuera de control. Sentí que no tenía control de mis emociones o juicio. Mi conmoción cerebral obstaculizó mi intelecto y mi estabilidad.

Sentí que nada en mi vida iba bien. Estaba en un bache y no había nada que pudiera hacer al respecto. Había escuchado historias de personas que hacían brujerías en otras personas y había descubierto que un amigo cercano mío creía en WICA, que yo creía que podría haber hecho brujería en mí; por lo tanto, creía que alguien me hacía brujería, así que decidí tratar de averiguar si alguien me lo había hecho y hacer algo al respecto. Estaba extremadamente desesperada y dispuesta a probar cualquier cosa para que mi vida, salud y situación general mejoraran, lo que me llevó a investigar yendo a una señora que era muy referida a mí de Los Ángeles que sabía leer cartas del tarot. Fui a ella y le pregunté si podía leer mis cartas del tarot y me dijo durante la lectura que no veía en las cartas que alguien me hubiera hecho una brujería, pero sí vio que estaba atascado y yendo en círculos. Estuve de acuerdo con su lectura del tarot, pero la frustración en mi voz de que las cosas habían ido mal durante tanto tiempo tal vez la hizo querer mirar más allá para comprobar si realmente era cierto porque declaró que tal vez alguien me había hecho brujería, pero era un trabajo oculto. Decidí pagarle para averiguarlo, ya que era un precio razonable de $ 600, que podía pagar. Salí de su oficina y en poco tiempo vi a Samuel. No sabía que era Samuel en ese momento.

No fue hasta más de un año después después de estudiar la Biblia con un testigo de Jehová y confesarme con un sacerdote católico que descubrí quiénera. Descubrí que era Samuel 28:14. Me estaba acercando a Dios al estudiar la Biblia cuando me di cuenta de que lo que veía era a Samuel. Samuel parecía Sméagol del Señor de los Anillos. Era un anciano que parecía que llevaba un bebé en brazos, pero en la Biblia se le describe como un anciano que lleva un manto en brazos. Cuando vi a Samuel, me asusté mucho y no sabía qué hacer. Simplemente pensé que la señora que iba a comprobar si alguien hizo un trabajo oculto para lastimarme lo había comprobado.

Pronto fui a ver a la señora que leyó cartas del tarot después del incidente para ver cuáles eran sus hallazgos. Leyó mis cartas del tarot una vez más y me dijo que mi suerte seguía siendo mala y me dijo que vio a dos hombres que me estaban haciendo algo malo y que un día descubriría quiénes eran estos dos hombres. En mi mente nunca pude creer que un hombre trataría de lastimarme, pensé que tal vez era una mujer por mi amiga que creía en la brujería, pero la señora insistió en que era un hombre. Pasó más tiempo y estaba empezando a escuchar cosas alrededor del mes de octubre. Empecé a escuchar ruidos de golpes en la pared, y me levantaba de la cama y me paraba en una espina. Le dije a un amigo que me levantaría y me pararía en una espina, pero me dijeron que probablemente era de mi jardín y que los ruidos que estaba escuchando en la pared eran muy probablemente ratas. Les creí, pero todavía estaba asustada y sentía que necesitaba desesperadamente encontrar el perdón de Dios por ver a Samuel y todo lo demás en mi vida. Este fue uno de los principales eventos en mi vida junto con algunos otros, que me llevó a ir a confesarme una noche del aniversario de mi bautismo. También hice que los mormones llamaran a mi puerta, que era una de las muchas maneras en que Dios me estaba llamando a estar más cerca de él. Sentí que Dios estaba trabajando a través de varias religiones para acercarme a mí.

Donde hay vida hay esperanza para muchas cosas. Cuando hay vida hay una oportunidad de cambiar; para encontrar esperanza, para encontrar la salvación, para encontrar el camino correcto, para ayudar a los demás, para obtener conocimiento y sabiduría de las cosas por venir y están a punto de venir. Cuando he perdido la esperanza de un mañana mejor las palabras "donde hay vida hay esperanza" me ha dado la esperanza de hacer cambios positivos en mi vida. Cuando todo parece fallar, he descubierto que mirar a mi verdadero PAPÁ me ha recogido del fondo, un punto que me decepciona decir que he alcanzado en mi vida. Llegamos a tocar fondo cuando menos lo esperamos y pensamos que nunca nos puede pasar a nosotros, pero le puede pasar a cualquiera. Cuando menos esperamos que podamos llegar al fondo, pero, las palabras que me han levantado son "podría haber sido peor". Podría haber sido peor nos muestra que a pesar de que no tenemos todo lo que queremos y deseamos, sin duda puede ser peor. Por lotanto, necesitamos establecer un tiempo de silencio para agradecer a nuestro Verdadero PAPÁ por las pequeñas cosas que hacen que nuestro día brille. Puede ser cualquier cosa y puede ser lo más simple, pero nuestro aprecio a nuestro verdadero papá hará que las cosas mejoren.

Llegué a tocar fondo después de estar en un accidente automovilístico, lo que me hizo obtener el síndrome post conmoción cerebral, que si no sabías que solías llamarlo síndrome de borracho golpeado y con un síndrome como este es prácticamente imposible tomar buenas decisiones y decisiones. Tomé un montón de malas decisiones, de las que me arrepiento y he venido a mi verdadero papá para pedir perdón. Tuve un síndrome, que me hizo tomar malas decisiones en la vida y, sin embargo, nunca me senté y contemplé que mis decisiones me estaban llevando directamente al infierno. No empecé a pensar en el infierno hasta que empecé a trabajar para una instalación que albergaba a adolescentes que han cometido delitos menores. No sabíacómo ayudar a estas personas. Finalmente descubrí que la solución para llevarlos al camino correcto era enseñarles acerca de Dios. Me di cuenta de que debía enseñarles acerca de Dios mientras conducía al trabajo y había un incendio en la autopista y todo lo que podía pensar era que estos chicos se iban al infierno. Pronto comencé a tratar de solucionar su problema mientras descuidaba el hecho de que yo también podría ir al infierno. Empecé a enseñarles acerca de nuestro verdadero padre y me di cuenta de que les estaba enseñando algo que ni siquiera estaba haciendo yo mismo. Entonces me di cuenta de que a veces tenemos que pensar en nosotros mismos primero y luego en los demás, porque cómo podemos esperar que los demás hagan las cosas que nosotros mismos no hacemos. Hacer lo que digo y no lo que hago me pareció un poco hipócrita.

Hay momentos en nuestras vidas en los que necesitamos analizar nuestra situación y hacer lo que esperamos que hagan los demás. Pronto me di cuenta de que no podía ayudar a otra persona hasta que encontré ayuda para mí mismo de la autodestrucción porque eso era exactamente hacia donde me dirigía en la vida y ni siquiera lo sabía. Había llegado a un punto en el que me estaba recuperando de tener síndrome post conmoción cerebral, pero todavía estaba viviendo un estilo de vida autodestructivo. Traté de enseñar a los adolescentes sobre la religión mostrándoles un video que un amigo mío me dio que había estado en prisión por el mismo comportamiento que los adolescentes estaban demostrando. Cuando estaba en prisión encontró a Dios y este video sobre Dios cambió su vida, así que traté de mostrárselo a los adolescentes cuando de repente me di cuenta de que necesitaba sacar la especificación de mi ojo antes de que pudiera sacarla del ojo de otra persona. El video trataba sobre un sacerdote que cuenta su historia de su atribumada juventud y cómo termina convirtiéndose en sacerdote. Es una buena historia, y una parte de una reacción en cadena de las cosas, que me sucedió, que me acercó a Dios. Una lista de cosas que me pasaron en mi vida que me ha acercado a mi PAPÁ.

Todo en mi vida estaba afirmando que necesitaba a Dios en mi vida, incluyendo una tabla de astrología que obtuve para mi cumpleaños para comprobar si las cosas iban a mejorar. La tabla decía que me iba a convertir en una persona profundamente religiosa. Todo en mi vida me estaba señalando el deseo de que necesitaba a Dios en mi vida para fortalecerme. Busqué en todas partes respuestas a diferentes tipos de médicos, astrología, diferentes congregaciones de la iglesia. Mi corazón estaba desesperado por una solución y no estaba pensando directamente. De alguna manera sentí que había renunciado amí mismo. Soy un pecador. Después de que me diagnosticaron síndrome post-conmoción cerebral y tuve síntomas deADD, comencé a renunciar a la vida. Tenía mucho dolor e incapaz de concentrarme y concentrarme, debido a algún daño en los nervios, lo que me hizo hacer algo que nunca hubiera pensado en hacer antes. Probé metanfetaminas una docena de veces. No hago ningún tipo de drogas ahora que he encontrado a Dios y estoy más saludable, por así decirlo, pero después de mi conmoción cerebral es triste decir que había renunciado a la vida y de muchas maneras quería morir y no podía creer que la gente traería niños a este mundo si pudiera haber tanto dolor.

Mi curiosidad por las drogas ilegales comenzó cuando mi psicólogo me estaba dando Strattera para aliviar los síntomas; sin saber cuál era la dosis para mí, así como mi situación financiera el médico me dio botellas de muestra de diferentes miligramos. Comencé a tomar diferentes miligramos de Strattera, pero cuando llegué a 40 mg de Strattera, recuerdo haber pensado que podía sentir algo diferente en mi cerebro. Sentí por un rato que era normal, y me puse de rodillas sollozando y supliqué a Dios que me sanara. Era como si la medicación me ayudara a creer en Dios de nuevo. La medicación no funcionó para mí porque poco después de que había terminado con la muestra de 40 mg empecé a tomar 80 mg y el medicamento me estaba haciendo sentir molesto o en el borde. Sentí que no tenía esperanza y decidí probar un medicamento que nunca había pensado que probaría, ya que mi lógica era que los médicos me recetaban metanfetaminas, así que también podría probar las drogas callejeras de metanfetamina, yo era un desastre. No apruebo los medicamentos a menos que estés enfermo y sean recetados por un médico, pero quiero que sepas la verdad de lo que hice. No tenía energía ni motivación porque el dolor que estaba sintiendo me estaba drenando, pero cuando probé la metantamina despertó algo en mi cerebro y ayudó mucho a mi cerebro. Sentí que la metantamina estaba limpiando mi cerebro. Yo era una persona diferente cuando estaba en metantamina. Cuando estaba en metantamina, me sentí fresco de nuevo. Sentí que la metantamina me ayudó a recordar un evento traumatizante más preciso, que había ocurrido con un abogado que tenía, así como buenos recuerdos que he tenido a lo largo de mi vida. Recordé la mayoría de las cosas que me sucedieron en la oficina de un abogado y no pude dejar de hablar de ello con uno de mis amigos cercanos. Recordé la mayoría de las cosas que me sucedieron en la oficina del abogado, pero no fue hasta que sentí el Espíritu Santo que pude juntar todas las piezas del rompecabezas de mi vida.

En otraocasión, probé metantamina y cuando volví a casa, empecé a alucinar. La metanja se sentía como lo que otros describen ayahuasca, una ceremonia espiritual con una hierba hace a la gente para buscar la curación espiritual. Estaba haciendo mi tarea y mientras hacía mi tarea, comencé a citar la Biblia para probar un punto sobre el que estaba escribiendo. Comencé a tener sentimientos que tenía cuando estudié la Biblia cuando tenía dieciocho años y luego procedí a ir a la habitación de mi madre y le pedí que estudiara la Biblia cristiana conmigo. Mi madre se asustó de mí, ya que la había despertado de su sueño para tratar de estudiar la Biblia con ella. Mi madre se levantó y caminó hacia la cocina y al ver mi determinación y comportamiento maníamo llamó a la policía. El policía no tarró mucho en llegar a mi casa, ya que la comisaría está a solo unos minutos de distancia. Cuando el oficial de policía llegó a mi casa estaba decidido a tratar de estudiar la Biblia con el oficial de policía porque la metantamina hizo que mis sentimientos más profundos salieran y yo había comenzado a pensar que si no convertía a alguien me iba a ir al infierno, ya que la Biblia enseña a ser un discípulo. El oficial de policía no quería estudiar la Biblia conmigo, y me molesté terriblemente y terminé tirando una pequeña cafetera al suelo y la rompí en varios pedazos. El policía que intentaba calmarme me preguntó si tomaba algún medicamento y le dije que sí, pero que me había olvidado de tomarlo. Me preguntó si la medicación estaba y le dije que estaba en el armario de mi habitación, pero estaba demasiado asustada para abrir mi armario y obtener mi medicación, así que lo hizo por mí. Me trajo mi medicamento, que se llama Nortriptilina, que es para las migrañas,que fue dado por un neurólogo. Lo tomé, pero mis síntomas no mejoraron. El policía me esposaba con la mano y me metía en el asiento trasero de su vehículo. Toda la noche estuve enviando mensajes a todos mis amigos, debido a mi comportamiento maníaca y cuando estaba en el coche de policía uno de mis amigos apareció y estaba aterrorizado de verme en la parte trasera del coche de policía gritando y gritando. Mi amigo comenzó a llorar al verme en tal situación. Empecé a gritarle que fuera a la iglesia y que dejara de dormir con hombres. El oficial de policía pronto se fue para llevarme a la estación de policía, pero cuando estaba en la estación de policía, estaba gritando para que Dios me salvara. Esta no fue la última vez que probé la metantamina, volví a probar la metantamina una semana antesde decidirme a aprender el nombrede Dios.

Cuando estaba en metantamina mis pensamientos para Dios se intensificaron y me di cuenta de que no era nada sin Dios. Necesitaba desesperadamente la salvación, así que un día fui a un sacerdote para aprender el nombre deDiosy recibir su salvación porquealguien con quien estaba estudiando la Biblia me dijo que el nombre de Dioses nuestra salvación. No fue hasta un día después de confesarme por primera vez a un sacerdote y sentir el espíritu total que all mi dolor desapareció. Temed al Señor y amándolo con todo vuestro corazón y alma y aceptad que no todos irán al Cielo; esa es simplemente la ley de la naturaleza y no hay nada que uno pueda hacer al respecto. Creo que lo único que una persona puede hacer por más para entrar enelReino de Dioses orar por dos Cielos.

Después del accidente tuve muchos problemas emocionales y dolor físico. Algunos de mis síntomas físicos eran que mi región abdominopélvica delantera fue filtrada en la región lumbar derecha, la región umbilical y la región lumbar izquierda, la tensión y el dolor fueron desarrollados en el cráneo, cervical, torácico, y las regiones lumbares de mi esqueleto axial. El hemisferio derecho de mi cabeza soportó una tensión extrema, junto con el resto de mi cabeza. Una incomodidad y dolor extremos, sobre todo al girar la cabeza, con extensión y flexión del cuello. Mi dolor de cabeza es el tipo de tensión muscular, con dolor agudo, sordo e intenso que se extiende desde el lóbulo frontal de la cabeza hasta la parte occipital de mi cráneo. El dolor de cabeza, el dolor de cuello y la tiesura eran recurrentes. El dolor se irradia a los hombros y brazos. Hay un entumecimiento intermitente de los brazos y la parte posterior de la cabeza. La parte occipital de mi cerebro se sentía vacía, como si hubiera un vacío o pérdida de producción química debido a los moretones en el cerebro. Soporté el dolor emocional; surgieron traumas pasados, dolor físico en todo mi cuerpo. El dolor más duradero es el dolor de cabeza, cuello y espalda, así como el cansancio extremo desarrollado. Desarrollé una neurosis de ansiedad, debido al dolor y al desequilibrio en mi cabeza. Desarrollé insomnio, debido al dolor y la hinchazón en mi parte inferior y superior de la espalda, así como por el dolor y el desequilibrio en mi cabeza. Sufrí de dolor bilateral en la columna cervical, con molestias extremas, que ha desaparecido después de establecer contacto con Dios, depresión del hombro en mi columna cervical derecha. También sufrí de *rango de la columna cervical de la flexión lateral del movimiento* con dolor, disminución de la *flexión:*con la extensión normal del dolor. Palpación: *Columna cervical bilateral-músculos paraespinales cervicales derechos* un *elevador*nd, sensibilidad *de la escápula* con puntos de activación identificables, junto con *espasmo muscular, moderado con sensibilidad y puntos gatillo identificables. Esguince/distensión cervical* y espasmos, especialmente en el lado derecho. Esguince y tensión *musculoligamentous cervicales.* Una dulzura *cervical bilateral del paraspinal* a la palpación. Ternura en el *trapecio superior* y la *cresta escapular medial. Los reflejos profundos del tendón en el snout,el* *labellar de G, los reflejos palmomentales y del asimiento* eran ausentes. Dulzura y dolor en el área de espalda baja y los músculos lumbares más bajos del *paraspinal* bilateral. En C3 y C4(columna cervical), hay una *protuberancia de disco de base amplia de 1,7 mm* que afecta el saco *tecal*. Hay un estrechamiento *neuroforaminal bilateral* que causa la *usurpación en* lasraíces nerviosas que salen de E C4. En C4 y C5 (columna cervical), hay una *protuberancia de disco de base ancha de 1,9 mm* que colinda con el saco *tecal*. At C6 y C7 (espina dorsal cervical), había una *protuberancia de base amplia del disco de 1.9 milímetros* que linda con el *saco tecal.*

Vi a varios médicos y les daba descripciones de mis dolores de cabeza como, migrañas: dolor cervical en la región derecha, dolor lumbar inferior y al hacer ejercicio, dolor en mi pierna izquierda. También soporto el dolor emocional porque no me siento tan capaz con mis habilidades intelectuales como lo hice una vez. Me irritaba fácilmente y me resultaba difícil concentrarme, debido al dolor de cabeza, cuello, espalda baja y lado de la pierna izquierda. Era muy impulsiva, debido a la incapacidad de concentrarme o concentrarme debido a la ansiedad que me daba mi dolor cervical y la tensión de la cabeza poniéndome al límite.

La frecuencia y duración de los dolores decabeza m y variaban, pero sentí que me debilitaban de tal manera que no encontré la energía para hacer nada. Mis niveles de energía variaron a lo largo de un día. Mi dolor de cuello era de la misma manera, a veces mi cuello se sentía muy rígido y apretado o tan duro como una roca, en general, mi dolor era constante. En los años que estuve enfermo, probé varios tratamientos para mejorar. In un ajuste, me colocaron en la posición sentada y me hicieron cómodo para ser inyectado en el punto de gatillo *paraspinal cervical derecho* y el punto de gatillo *de la escápula del elevador derecho.* Un *calibre 25 1 1/2 - inyecciones de* punto de gatillo de la aguja de la pulgada eran secuencialesy realizados en puntos del disparador. Una combinación de *1 cc Kenalog 40 y, 4cc 2% Lidocaína y 4cc 0.25%.* Marcaine fue distribuido uniformementeen todos los puntos de activación. El needling superficial se realizó posteriormente con las respuestas de la contracción contracción contracción contracción. Durante muchos años tomé relajantes musculares: apliqué hielo o calor, hice ejercicios y apliqué crema o aerosol para aliviar el dolor en la espalda, el cuello y la cabeza no necesariamente recetados por el mismo médico. También usé una bomba de postura para aliviar la presión de mi cuello tanto como sea posible. Tomé vitaminas,como L-tirosina para enfocar,omega 3 para la inflamación, gaba gamma-ácido aminobutírico para mi memoria,Ashwagandha, extracto de Rhodiola y B-12 para aumentar mi energía,que obtuve en la tienda GMC. Las vitaminas me ayudaron a pagarl mejor cuando las tomaba, pero no siempre podía pagarlas. Recibí masajes y usé acupuntura según sea necesario. Usé una cama de terapia casi todos los días para aliviar el dolor de la construcción en mi espalda para sentirme mejor. Había sido mala durante varios años que una vez incluso le pedí a un médico que orara por mí antes de que me trataran. Sentí que necesitaba a Dios en mi vida. No tomé mis medicamentos durante los primeros dos años y pasé la mayor parte de mi tiempo en reposo en cama. Cuando empecé a tomar mi medicación de nuevo, pude ir a trabajar a pesar de que no estaba perfectamentebtter.

Un día quise saber el nombre de Dios. Sentí que necesitaba saber su nombre para ser salvo, por lo tanto, fui a la iglesia durante la semana por la noche,tomé el pan, confesé mis pecados a un sacerdote. Confesé por ver una imagen de un anciano y todo lo demás en mi conciencia que me estaba perturbando. Amo mucho a nuestro creador y porque lo amo mucho, tenía el deseo de querer aprender más sobre él estudiando con diferentes denominaciones cristianas. Cuando estudié con diferentes denominaciones tenía el deseo de querer conocer la verdad y aprendí que al aprender el nombre de Dios obtenemos la salvación; por lo tanto, tenía el deseo de querer conocer más a Dios y aprender su nombre.

Según diferentes documentos Dios tiene diferentes nombres, así que fui a una iglesia y tomé la Eucarística y me confesé. La persona que confesé bendecired y me dijo que fuera a orar, cuando oré para que Dios me dijera su nombre sentí una luz entrar en mí como el espíritu total y escuché una voz que la voz me dijo su nombre hebreo y luego me preguntó si había algo más que quería saber. Le dije que también quería saber si él fue quien me despertó después de un accidente de ahogamiento y me dijo que era él. Cuando le pregunté por su nombre, estaba bajo tanta desesperación y me asusté porque había estado pasando por un período extremadamente difícil en mi vida. Me levanté de la oración y me senté en una silla, pero empecé a temblar porque no podía creer lo que me acababa de pasar. Estaba en estado de shock y pensé que algo malo podría pasarme, pero entonces un grupo de personas que estaban adorando se acercó a mí y me llevó al frente de la habitación y me pusieron una manta encima de mí y comenzaron a orar por mí. Pronto sentí una paz y felicidad que me sacó de la depresión y la desesperación, que primero me había llevado a la iglesia en primer lugar. Salí de la iglesia y los miembros de la iglesia me preguntaron qué me había dicho Dios, ya que vieron una luz y una paz entrar en la habitación, con gran alegría en mi corazón y paz en mi alma le dije al miembro que me preguntó que Dios me había revelado su nombre. Salí de la iglesia para regresar a mi casa y cuando llegué a casa le dije a mi madre que Dios acababa de revelarme su nombre y luego fui a mi habitación y procedí a enviar mensajes de texto a diferentes personas con el nombre de Dios.

Hablé con mi hermana esa noche del 21 de noviembre y ella no me creyó. Ella pensó que yo estaba en las drogas y debe ser puesto en una institución de salud mental para hacer drogas. Luego hablé con un amigo mío de un país llamado Bagdad y me dijo que era codicioso y que debería poner dinero debajo de mi almohada y dárselo a la primera persona que veo por la mañana. Me dijo que si no ponía el dinero debajo de mi almohada algo malo me pasaría y me asusté. Por lo tanto, fui al banco y saqué algo de dinero. No sabía cuánto dinero poner debajo de la almohada, pero después de haber estado hablando con el psiquiatra me hicieron empezar a pensar que todo en nuestras vidas se relaciona con otra cosa en nuestras vidas, así que comencé a pensar que la cantidad de dinero que puse debajo de mi almohada también podría representar la cantidad de años que iba a vivir y no quería ser codicioso, así que decidí poner 40 dólares debajo de mi almohada pensando que eso sería una buena cantidad de tiempo para vivir, ya que no quería experimentar las partes dolorosas de la vida a la vejez. Pensé que podría ser peor que el dolor que estaba experimentando en ese momento. Estaba asustada porque sabía que había hecho algo malo alosojos de Dios.

No había comido en tres días y había estado bajo la influencia de la metantamina porque durante un par de veces me había automedicado de los síntomas del síndrome post conmoción cerebral con metantesis. La metantamina me estaba ayudando a concentrarme en la escuela porque me habían diagnosticado síndrome post conmoción cerebral después de un accidente automovilístico y era como tener síntomas de TDAH junto con ansiedad. Había despertado a Dios y tenía miedo de que algo malo me iba a pasar, así que decidí escuchar a mi amigo del país de Bagdad. Esa noche puse dinero debajo de mi almohada y toda la noche estaba teniendo un sueño de que estaba pidiendo perdón a Dios por todos los pecados que había cometido. Todo lo que seguí diciendo una y otra vez era que estaba arrepentido, y que podía ver a Dios en mi sueño, parecía un espíritu invisible. Cuando me desperté por la mañana, estaba buscando mis llaves, pero no pude encontrarlas, así que decidí salir y darle el dinero a la primera persona que vi. Vi a mi vecino de al lado con quien no conozco muy bien, pero no quería tomar el dinero y luego miré a mi derecha y vi a un jardinero cortando las ramas de los árboles que me acerqué a él y le pregunté si creía en Dios. Me dijo que sí y luego le pregunté a qué iglesia fue y sucedió que fue a la iglesia que estaba cerca de mi casa a la que yo había ido y sintió el espíritu total. Entonces procedí a preguntarle si podía hacerme un favor yendo a la iglesia y dando un pedazo de papel conel nombre de Dios alos predicadores de la iglesia. Él estuvo de acuerdo y nunca volví a ver al hombre. Durante los siguientes días, seguí orando para que la gente me creyera que había sentidola presencia de Dios y que lo que meestaba sucediendo era real y no una alucinación.

Mi madre entonces me dijo que ella me creyó y que ella creyó que había oídoelnombre de Dios. La economía había sido mala y desde que me diagnosticaron síndrome post conmoción cerebral, que es cuando su cerebro golpea su cráneo y su cerebro se hincha dándole una gran cantidad de efectos secundarios como la depresión y la ansiedad. No estaba trabajando; debido a la conmoción cerebral que tuve y por lo tanto perdí mi hogar. No tenía ninguna que vivir, así que me fui a vivir con mi amigo por un corto tiempo hasta que terminé el semestre en la escuela porque estaba trabajando para obtener una maestría en terapia familiar matrimonial. No consemecí ese título deseado porque justo antes de terminar el semestre, sentí el Espíritu Santo de nuevo.

Estaba en el trabajo caminando por Home Depot. Estaba trabajando como proveedor para que los clientes refigurar sus gabinetes de cocina. Le pregunté a cada cliente en la tienda si les gustaría reface allí gabinetes de cocina y todo lo que seguí recibiendo de las personas fue "No." Comencé a orar a Dios para que me ayudara con una guía, ya que no podía hacerlo por mi cuenta, pero esa noche me di por vencido temprano y decidí irme. Me subí a mi auto y me fui cuando de repente,todo el tráfico sedetiene, y un automóvil me golpea por detrás. Empiezo a orar en voz alta y mi voz suena como si estuviera cantando mientras llamo a Dios para que me ayude y me perdone por cualquier cosa que haya hecho mal. Entonces de repente, escucho una voz y es Dios hablándome, me dice que está conmigo. Me asusto porque empiezo a pensar que Dios está conmigo y me atropella un coche que debo estar en grandes problemas. El tipo que está conduciendo el coche detrás de mí salta de su coche y corre a esconderse en algún lugar. La mujer en el lado del pasajero sale del coche y camina hacia la ventana del lado del pasajero y me pregunta qué dije. Le dije que le dijeel nombre de Dios y ella dijo que su maridome oyó decirlo y se asustó y esa fue la razón por la que salió corriendo del coche. Llamé a la policía para hacer un informe policial y no pudieron encontrar al esposo de las mujeres que me golpeó. No quería hacer un gran negocio, así que le dije al policía que estaba bien y que no necesitaba ir a la sala de emergencias, así que me fui. Fui a la casa de mi amiga y ella decidió llevarme a la sala de emergencias de cualquier manera basada en mi historial anterior de ser atropellado por un automóvil y tener síndrome de conmoción cerebral. Fui a la sala de emergencias y no me pasaba nada, me revivieron.

Más tarde esa semana tuve una presentación que hacer para mi clase de terapia de grupo. Mi presentación es sobre cómo buscar un poder superior. Les pregunto a mis compañeros cuál es su mayor poder, y cada uno tiene una respuesta diferente. Escucho a Dios hablar conmigo y me dice que les diga su nombre, pero luego fui interrumpido por una chica que quería que terminara rápido, así que no llegué a contar el nombre deDiosde la clase o la experiencia que se me habíaocurrido recientemente. Entregué mi presentación a mi maestra y me senté en mi asiento. Me quedé muy impactado y no entiendo lo que está pasando conmigo. He terminado con mi semestre y el siguiente semestre comienza porque iba a la escuela de adultos y cada semestre es como un mes a tres meses de duración. Decido no registrarme por otro semestre hasta que averigí lo que está pasando conmigo y me mude de la casa de mi amigo.

Decido mudarme a México donde tengo un familiar que vive, ya que recientemente había perdido mi hogar. Cuando me mudé a México empecé a escuchar a Dios hablarme más, al principio me sorprendí y no estaba seguro de si era Dios, pero recuerdo que me dio su nombre y supe que era él cuando comencé a leer la Biblia de principio a fin y las historias bíblicas que leí coincidían con sus rasgos de carácter y acciones. Aprendí mucho acerca de Dios a través de las conversaciones que él habríatenido conmigo. Aprendí que todos los roles y títulos se dan a nuestro Señor y tsombrero él sabe másde we pensar. Él lo sabe todo. Él conoce todas las leyes. Él conoce a cada hombre, mujer y niño por su nombre. Sabe lo que fue al principio, en el medio y lo ha visto casi todo. Inventó la ciencia y todo lo que es divino. Él sabe lo que pensamos y lo que está en nuestro núcleo; y ha creado a cada persona de manera diferente. Me dijo que no hay dos personas en este mundo que piensen igual. Él creó los Cielos y la Tierra y todo lo demás.

Cuando Dios me habló, He me habló de las cosas cotidianas. Hablamos de mi perro y de cómo a mi perro le gustaría que calentara su comida en el microondas a cosas que eran demasiado difíciles de comprender para mí porque Dios es unser muy comple x y algunas de lascosas que heme dirían eran alucinantes, y le dije que no estaba preparado para conocer los secretos del universo, así que he dejóde decirme cómo he determina ytoma decisiones, en otras palabras, no podía creer que estuviera hablando con Dios. Dios me dijo que al principio he estaba solo durantemucho tiempo, hasta que uno day he hecho hson hijos. Antes de h e hecho hes niños, he buscado en todas partes para ver sihabía otro Dios como él y he noencontró uno.

Mientras que hehabló conmigo he miró de nuevo para asegurarse deque si había otro Dios como him y todavía después de todo este tiempo queha pasado, todavía no hay otroDios como himy he todavía estábuscando porque he no hacumplido hes partido todavía, y al mismo tiempo, henoquiere que nadie más sea como him and para tener los mismos poderesque he tiene.

No es un mundo pequeño después de todo, por lo que le tomó a Dios un tiempo buscar en todas partes para ver siaquí había otro Dios. Por lo tanto, después de hes labúsqueda, resulta que sólo hay un Dios en todo el Universo y no hay otro Dios como him. Hablamos de varios temas. También hablamos de mi padre biológico masculino. Me dijo que elre era algo sobre mí que he gustó y que he gustó mi origen familiar. Le gustaba que mi padre biológico tuviera muchos hijos y que al principio, he era celoso y loco. He ya no está enojado porque mi padre varón tenía un montón de hijos, y dijo he consiguió sobre el hecho de que mucha gentelo llamó papá.

Mi padre biológico era el Dr. Benji y fue hijo único durante mucho tiempo. Siempre quiso venir de una familia grande, así que decidió tener muchos hijos. Tenía más de 28 hijos y planeaba tenerlos. Nombró a todos sus hijos y fue un father particularmente buenoporque estaba en cada uno de la vida de sus hijos tanto como fuera posible. Era un hombre muy activo al que le dijeron que iba a morir a la edad de 1 3años debido a problemas cardíacos, pero terminó viviendo una larga vida plena. Se convirtió en neurocirujano y trabajó para la CIA. Murió en un accidente automovilístico en un día muy desafortunado viernes, 13 de septiembre en el 405 FRWY de un ataque al corazón. Era un hombre alto con el pelo rizado y podía crecer una barba llena. Hacía cortes precisos con las manos cuando realizaba cirugías y le encantaba viajar. Cuando era niña me ahogué y resucité, cuando resucité, vi a los dos de mi papá el mismo día. Vi a Dios y me dijo que lo volvería a ver y luego me desperté y vi mi dad biológico. Siempre estuve preocupado por el almademi dadbiológico, ya que murió en un día muy desafortunado, pero un día Dios me dejó hablar con mi padre biológico en el cielo y me dijo que tampoco le gustaba el día que murió y que ya había vivido su vida y que era hora de que yo viviera la mía. Pensé que era un consejo increíblemente bueno y estaba agradecido a Dios por dejarme hablar con él. Cuando hablé con Dios, aprendí lo importante que es para Dios ser llamado papá. Él quiere que todos lo llamen Papá cuando lo vemos en el Cielo, y quiere que le pidamos agua viva porque en el Cielo beben mucha agua y el agua es especialmente importante. Dios es nuestro papá y la palabra papá es como música para los oídos de dioses. Le gusta ser llamado Dios y Jehová, pero papá es, con mucho, el nombre más grande que podemos llamarlo. Más tarde me enteré de que la razón por la que me habían pasado tantas cosas malas era porque había sido codicioso al orar para que todos fueran al Cielo. Oré para que todos vayan al Cielo y cuando alguien ore para que todos vayan al Cielo, las cosas malas le pasarán a la persona. Me pasaron muchas cosas malas, como tener mucho dolor y tener síndrome y ansiedad después de la conmoción cerebral. Tuve la suerte de no tener el corazón de un animal, pero sentí que había renunciado a la vida y que nada importaba ni era importante.

Cuando tuve el síndrome post conmoción cerebral hubo muchos días que no podía creer lo que me estaba pasando e incluso tenía ganas de morir. Había momentos en que me arrodillaba y clamaba a Dios por qué me estaba pasando esto y estaba agradecida ya que sentía que la medicación que estaba tomando en ese momento me hizo creer en Dios y me ayudó a clamar a Dios y me sacó del estado de cristal que estaba en los primeros dos años de mi conmoción cerebral. Quería a Dios en mi vida tan malo que le pedí que me ayudara con todo mi corazón y alma y a Dios le gustó la forma en que le pedí así que un día cuando necesitaba saber su nombre después de tomar la Eucarística en una iglesia local y el sacerdote me dijo que fuera a rezar Dios me reveló su nombre y más tarde me dijo que lo llamara PAPÁ y que la razón por la que él me escogió tuvo que ver con mi Padre biológico porque tuvo muchos hijos.

Hoy nuestro Padre me ha perdonado y me ha pedido que pida a la gente que ore por mí. Siento que conocer a nuestro Verdadero Padre ha mejorado mi vida, así que quiero enseñarles lo que sé para que su vida también esté llena de sus bendiciones. Cada persona necesita trabajar hacia su propia salvación; no hay oración que salve a toda nuestra humanidad. Cada persona necesita trabajar hacia su propia salvación haciendo buenas obras, siendo una buena persona y lo más importante amando a nuestro papá. He aprendido hablando a Dios que nadie sabe quién va a entrar en el Reino de dioses porque puede ser cualquiera que sólo Dios sabe que va a entrar en su reino y que mucha gente va al cielo porque mucha gente es buena a los ojos de dioses. La gente va al Cielo dando un primer paso del bautismo y Dios quiere que todos se bauticen, incluso si piensan que no van al Cielo y si pensamos que no vamos al Cielo, él todavía quiere que lo intentemos. Él quiere que todos se bauticen, no importa si no eres virgen y has estado por miscues o sientes que eres un pecador, él quiere que te arrepientas y te bautices. Él quiere que todos traten de ir al Cielo y pasar tiempo con él. El bautismo es un matrimonio con Dios que ayuda a iniciar una relación con Dios, es aceptable bautizarse a cualquier edad, pero 80 años de edad es demasiado tarde en su vida y él preferiría que una persona se bautizara temprano en la vida. Nuestro creador nos adora a todos; no importa si eres alto; corto, gordo, flaco, pobre o rico. Él ve tu corazón y quiere que te dediques a él. Tiene una afición por nosotros que es magnánima, es suficiente para muchos. Tu adoración será correspondida con su amor incondicional.

Cuando Dios me habló, me habló con una voz femenina y masculina. Él puede cambiar su voz para que suene como cualquier persona y cualquier cosa. Tiene ambos sexos y nos creó a su imagen femenina y masculina. Una vez, cuando me habló, me ladró como a un perro porque supongo qued, estaba enojado conmigo. Otro incidente en el que se molestó conmigo fue cuando yo había ido a una iglesia local en México y le pregunté si en la Biblia decía que la Virgen María se elevó entera al Cielo. Había hecho esta pregunta en un estudio bíblico porque había aprendido como cristiano que siempre deberíamos citar la Biblia para probar ciertos hechos. No creía que lo que hice estuviera mal; pero esa noche, cuando volví a casa, y estaba durmiendo en mi cama, de repente me desperté. Sentí que una mano me agarraba de la parte delantera de mi camisa y pude ver el contorno de la mano doblada en una materia semi invisible. Debería haber estado aterrorizada porque estaba desobedeciendo encima de mi cama mientras miraba a mi lado y notaba que estaba fuera de mi cama y en el aire. Estaba consternado y no sabía lo que estaba pasando, pero de repente, escucho una voz que me decía que siempre he querido hacer esto. Pensé para mí mismo por qué y luego me di cuenta de que él me estaba levantando porque yo había preguntado si estaban en la Biblia dice que la Virgen María se levantó entera. Entonces Dios me habló y me dijo que sabía que me gustaba mucho' y por eso me desbatió. Sabía que estaba enojado conmigo por la forma en que se veía su rostro, pero no me hizo nada terrible, simplemente me puso de nuevo en mi cama. Sentí una paz que nunca antes había sentido, era como si su presencia tuviera un mecanismo de amor, calidez y paz que yo siempre había deseado y aunque él estaba enojado conmigo no estaba marcado. Se dio la vuelta y salió por mi ventana y yo estaba incrédula por lo que me acababa de pasar. Miré fijamente frente a mí y luego me dio algo para irme a dormir porque me quedé dormido de inmediato.

Hubo algunos casos en los que él me hablaba cuando yo estaba durmiendo. Él me mostraba cuando estaba durmiendo que podía escuchar mis pensamientos y que podía ir a la derecha me tiró. Pude verlo de pie justo al lado de mi cama. A veces parecía una sombra negra y otras veces parecía una caricatura con el mismo color exterior azul claro que tiene el fuego para que yo pudiera verlo en la oscuridad, era un cambiador de forma. Una vez incluso se vio como un perro mientras me ladraba. Estaba aterrorizada por lo que podía hacer, pero tenía paz en mi corazón porque me dije a mí mismo, él no significa ningún daño para mí. Él me estaba mostrando lo que podía hacer, y yo estaba hipnotizado.

En nuestras conversaciones Dios me dijo que fuera bueno, así que decidí quedarme soltera. Me dijo que le dijera a la gente que se casara y tuviera hijos. A Dios le gusta cuando las personas son fieles y monógamas, así que trata de no ser per miscues porque Dios es nuestro Padre y le gustará más si somos abstinentes o monógamos, pero se te permite dormir con quien quieras porque tienes libre albedrío,pero a él nole gusta eso.

Sé un líder, sé único, sé diferente, trata de destacar por encima delresto, sé tú mismo y lo más importante perdona a los demás de la misma manera que te gustaría ser perdonado porDios. También haz tu mejor esfuerzo para seguir las leyes de la Nación y siempre poner a Dios primero en tu vida. Oren para que nuestras leyes estén a la altura de las normas de Dios y oren por los deseos positivos de su corazón.

Cuando me estaba hablando hubo un par de incidentes cuando me dijo que estaba escudriñando el mundo para ver si había otro Dios y que descubrió que el Universo está encerrado por muros y Dios no puede atravesarlos. El concepto del Universo encerrado por paredes trajo a mi atención la pregunta filosófica religiosa de Cyndy: La pregunta en filosofía es si Dios es real, pero en la filosofía religiosa la creencia es que Dios es real, pero ¿hay otro Dios en otro Universo, que ni nuestro Dios ni ningún humano conocen? ¿Y si? Pensé para mí mismo. Dios tiene un gran sentido del humor y la razón por la que me dijo que estaba buscando en el mundo tenía que ver con un documento que estaba leyendo sobre Dios y el Universo.

Cuando le dije a la gente, escuché la voz de Dios que pensaban que tenía una enfermedad mental y Dios me dijo que así era como Moisés se sentía cuando estaba vivo. Dios tiene conversaciones muy cortas conmigo, pero una cosa que les digo es que Dios es real y abogo por que todos lo amen con todo su corazón, tanto como sea posible porque él es nuestro Papá. Amar a Dios es como coquetear con la muerte porque él es el que encontramos al otro lado de nuestra vida humana. Ama todo lo que tiene que ver con Dios y lo más importante, ama a las personas de Dios y las cita y enseña a los demás acerca de Dios, así como piensa pensamientos positivos.

Oré para que todos vayan al Cielo y ese mismo día lo recuperé, pero Dios dijo que cuando oré para que todos vayan al Cielo lo quise decir, así que él me castigó por ello, si no lo hubiera quitado de vuelta tal vez mi castigo habría sido mucho peor. Mi castigo consistía en desear que estuviera muerto y tener la mente de bestia. Estoy viviendo el resto de mis días amando a Dios porque él es mi Padre.

Dios cansado de hablar conmigo y por un tiempo no volví al trabajo o a la escuela. Me diagnosticaron esquizofrenia y decidí pasar la mayor parte de mis días en la iglesia, pero finalmente decidí no ir a la iglesia para la gente, sino para Dios, así que aunque sabía que debía ser parte del cuerpo de Cristo, decidí usar mi cuerpo como un templo para adorar a mi padre principalmente desde casa o fuera de la naturaleza. Pasé la mayor parte de mis días amando una dirección, que es el cielo, siendo soltera y viviendo con mi hermana mayor hasta que me aventuré a vivir sola. Dios me dijo que pensaba que yo era fácil y por lo tanto no estaba contento conmigo, pero con el tiempo me perdonó y me dio uno de los nombres para entrar en su reino YAVES, que es uno de sus nombres en la biblia española. Me dijo que viviría el resto de mis días siendo pobre, pero él era bueno conmigo porque estaba agradecido por cada pequeña cosa que tenía. Mis síntomas físicos eventualmente desapaaparon, y en su mayoría estaba en mejor salud. Tomé vitaminas de GMC para la función cerebral y me ayudaron a concentrarme y tener energía.

Cuando estaba en presencia de mis papás sentí una paz que nunca había sentido antes, era como si su presencia tuviera un mecanismo de amor, calidez y paz que siempre había deseado y aunque él estaba enojado conmigo no estaba marcado. Se dio la vuelta y salió por mi ventana y yo estaba incrédula por lo que me acababa de pasar. Miré fijamente frente a mí y luego me dio algo para irme a dormir porque me quedé dormido de inmediato. Hubo algunos casos en los que él me hablaba cuando yo estaba durmiendo. Él me mostraba cuando estaba durmiendo que podía escuchar mis pensamientos y que podía ir a la derecha me tiró. Pude verlo de pie justo al lado de mi cama. A veces parecía una sombra negra y otras veces parecía una caricatura con el mismo color exterior azul claro que tiene el fuego para que yo pudiera verlo en la oscuridad, era un cambiador de forma. Una vez incluso se vio como un perro mientras me ladraba. Estaba aterrorizada por lo que podía hacer, pero tenía paz en mi corazón porque él no me hacía daño, me dije a mí mismo. Él me estaba mostrando lo que podía hacer, y yo estaba hipnotizado.

Mi mensaje al mundo...

Cometí un gran error de orar para que todos vayan al Cielo y lo pagé severamente y no quiero que la historia se repita a pesar de que ya sé que la historia muy probablemente se repetirá porque el espíritu me lo dijo. Hagas lo que hagas en este mundo no dejes que las palabras "solo unos pocos entrarán en el Reino de dioses" te asustarán para que ores por más para entrar en su reino porque Dios sabe antes de que nazca alguien que entrará y que no entrará en su reino, así que por favor no pierdas tu tiempo orando para que todos entren en el Reino de Dioses porque si lo haces irás al infierno y regresarás y te arrepentirás con todos ustedesr siendo como yo. Solo vivimos una vez, así que disfruta de tu vida y solo unos muy, muy pocos entrarán en el Reino de dioses, pero lo que sea que hagas ama a Dios con todo tu corazón y nunca dejes de orar por ese es nuestro propósito en la vida. En cualquier caso si no quieres perder la esperanza ora por dos Cielos para que más personas puedan entrar en su Reino. No pude entrar en el Reino de dioses cuando tenía tres años después de un accidente de ahogamiento y nunca será aceptado por todos en el cielo. Oren para que Dios siempre tenga misericordia y amor hacia mí para que no tenga que vivir la vida como un pájaro enjaulado. Oren los unos por los otros y vivan una vida feliz y sean divertidos. Me estoy convirtiendo en la persona que Dios quiere que sea y estoy donde estoy porque estamos donde Dios quiere que estemos en la vida. Nuestro papá nos ayudará, pero también debemos aprender a ayudarnos a nosotros mismos y a abrir nuestros corazones para que él nos ayude.

El León y el Rey...

En la India hay una historia de un Rey al que se le dice que va a ser comido por un león. El Rey se asusta porque no quiere ser comido por el león que simboliza al diablo,pero se le dice que si se lastima a sí mismo no será comido por un león, que es un símbolo de ir al infierno; por lo tanto, el Rey se corta a sí mismo cuando se le dice que el león no se lo comerá si se lesiona y por lo tanto, el león no se lo come y no va al infierno. El Rey se salva a través de una lesión que se ha impuesto a sí mismo para no ser comido por el león y no se va al infierno. El león representa al diablo en la historia y cómo el diablo no obtiene los que están heridos porque los que están heridos tienen la oportunidad de buscar a nuestro padre.

Esta historia del Rey en la India tiene un gran significativo para una situación similar que me sucedió a mí. Fui herido y, debido a esta lesión me acerqué a Dios y al conocer su verdadero nombre obtuve la salvación y por lo tanto he creado este documento para ayudar a otros a buscar un poder superior, especialmente en tiempos de angustia. Por favor comparta este documento con los enfermos, angustiados y aquellos con ansiedad, estrés y dificultad para ayudarlos a entender que las cosas mejorarán con Dios de su lado y con mucha oración. Actualmente estamos viviendo en un momento de angustia y sé que este documento ayudará a las personas a buscar a nuestro papá. Dale este documento a los enfermos fuera de los hospitales, a tus vecinos, amigos, seres queridos e incluso enemigos porque queremos perdonar a los demás de la misma manera que nos gustaría que nos perdonaran. Este documento ayudará a muchas personas a convertirse en uno con nuestro papá.

He tenido la suerte de que nuestro papá me haya dado señales, desde que era muy joven y quiero que mis experiencias ayuden a otros a buscar más a nuestro papá y a amarlo más y a ir hacia él y pedirle que viva dentro de ti.

Una señal...

Cuando estaba en mi adolescencia pedí una señal desde arriba y para mi consternación me la dieron. Había llegado a un momento en mi vida en el que quería comenzar a salir y quería un letrero desde arriba para decirme si debía comenzar a salir y cuando un par de amigos vinieron a hacer una barbacoa le pedí a Dios una señal y mientras hacía esta pregunta los marcos de las paredes se caían y también lo hacían las cajas de boom en mi sala de estar. Mi pareja de amigos que vinieron a la barbacoa se asustó y yo también. Estaba tan asombrado por la prontitud de mi signo que me dije a mí mismo que nunca volvería a pedir una señal.

Me he dado cuenta de que a pesar de que nuestros adolescentes significan un momento de dejar atrás la infancia y entrar en la edad adulta es nuestros padres desea hacer nuestro mejor esfuerzo para salvar a nuestro hombre y la feminidad para nuestra noche de bodas. Es especialmente importante para nuestro Padre, que no seamos per miscues y que hagamos todo lo posible para salvarnos para nuestra noche de bodas. No hice esto, pero a través de la construcción de una relación con Dios he llegado a saber la importancia de hacer esto. A lo largo de la vida no siempre recordé la señal que recibí en mi sala de estar, pero para ayudar a todos los hijos de Dios a estar en mejores términos con nuestro papá, ahora la comparto con los que amo para que tengan una mejor relación con Dios y para que Dios los trate mejor. Traten de ser monógamos y de amarnos genuinamente unos a otros.

Algún día me iré, pero para los que estánviviendo, quiero compartir la importancia del matrimonio y la fidelidad a pesar de que en última instancia Dios nos dio libre albedrío y lo perdona todo pero no olvida nada. Así que que el poder del espíritu total ayude a aquellos que luchan con el amor a encontrar el amor en los lugares correctos. Aprendí que no debemos pedir señales si no estamos listos para escuchar una respuesta justa y siempre tratar de hacer lo correcto mirando en su corazón y buscando sus pensamientos poniéndolo en papel y hablando con otros para nunca tener esqueletos en su armario.

Ayuno...

Cuando nuestra salud está enferma y nuestra suerte ha bajado y todo lo que hemos intentado parece fallar, el ayuno es la mejor manera de tratar de ser escuchados por Dios. Cuando una persona ayuno y ora, Dios ha sido conocido por escucharnos más y curar nuestras enfermedades. En mi vida personal he ayunado en varias ocasiones, y el método de ayuno que funcionó mejor para mí y recomiendo para ustedes es un brebado de diferentes métodos que han sido utilizados por otros.

El primer día que comience puede obtener un galón de agua y agregar sal marina, en aproximadamente una hora tendrá que usar el baño, sus cuencos estarán vacíos, pero si come tendrá que usar el baño de inmediato. Es una forma orgánica de limpiar su cuerpo, y luego puede proceder a hacer lo siguiente para evitar que coma. Puede hacer lo siguiente sin tener que usar una sal marina como esmalte. Trate de ayunar en varias ocasiones, y ver qué método funciona mejor para usted si ambos juntos y o simplemente el jugo de limonada por sí mismo.

Obtenga un recipiente que pueda contener un galón de líquido y llene el recipiente 3/4 del camino con agua y luego proceda a llenar el recipiente con el jugo de limón de 12 limones y luego proceda a agregar jarabe de arce hasta la parte superior del recipiente. Obtener grado D Arce Syrup que es orgánico; obtener pimienta de Cayena dos cucharadas, obtener 6-(12) limones que son orgánicos dependiendo del tamaño (He utilizado limones no orgánicos, pero funciona mejor con limones orgánicos). Obtenga un recipiente para colocar los siguientes ingredientes y llevarlos consigo para beber durante todo el día cuando tenga hambre y para mantener su nivel de energía alto. Los limones, la pimienta de Caín y el jarabe de arce deben saber como una ayuda de limón de cola, estos ingredientes tienen todas las vitaminas y nutrientes que su cuerpo necesita, especialmente si todos los ingredientes son orgánicos. (Obtenido del Limpiador Maestro)

Cuando haya terminado de ayunar, puede comer lo que quiera con moderación, dice el Señor. Trate de comer sano para tener una larga vida y tratar su cuerpo como el templo que es para alabar a nuestro papá.

Quinto Viaje - Orientación

Afirmaciones positivas

Soy una persona positiva, amorosa, enérgica, divertida y cariñosa que ama a nuestro creador y a la humanidad.

Estoy brillando con salud e integridad con mi creador de mi lado.

Todas las cosas que quiero y necesito vienen a mí con la ayuda de mi creador y otros.

Siempre recibo más de lo que necesito de nuestro creador y de otros.

Tengo éxito con la ayuda de nuestro creador.

Todo lo que hago se convierte en éxito con la ayuda de nuestro creador.

Atrajo a personas de mentalidad positiva a mi vida con la ayuda de nuestro creador.

Estoy atrayendo a personas poderosas, positivas y saludables a mi vida con el espíritu total en mi corazón.

Dibujo todas las cosas positivas para mí mismo con la ayuda de mi creador.

Soy una persona segura de sí misma y positiva, y las personas seguras y positivas gravitan hacia mí con la ayuda de nuestro creador.

Estoy ganando en todas mis relaciones, con la ayuda de nuestro papá.

Soy cariñoso, inteligente, solidario, leal y divertido de estar con nuestro papá y ser amado por él.

Me siento completamente a gusto y cómodo con todo tipo de personas y con Dios.

Soy una persona completa positiva que tiene el espíritu total en mi corazón.

Me comporto de maneras que promueven mi salud y amor por el espíritu total todos los días.

Merezco estar en perfecto estado de salud y nuestro creador me perdona con su presencia.

Puedo buscar ayuda de otros y del espíritu total en tiempos de necesidad.

Dejé ir el pasado para poder seguir los pasos de mi Padre ahora.

Creo salud al expresar amor, comprensión, compasión y alabanza al Señor.

Sé que merezco el Amor y lo acepto ahora del universo.

Doy amor y me lo devuelve multiplicado por el universo.

Me regocijo en el amor que encuentro todos los días de los demás y de nuestro Verdadero Padre.

Amarme a mí mismo y a los demás sana mi vida.

Elijo tomar decisiones positivas y saludables para mí y para mi salvación.

Cuando yo creo en mí mismo también lo hace Dios.

Expreso mis necesidades y sentimientos y el espíritu me escucha totalmente.

Soy mi propio yo especial único, creativo y maravilloso y Dios me ama.

Estoy en paz cuando estoy con Dios.

Confío en el proceso de la vida.

Dios es mi Verdadero Papá y él me ama tanto.

Mantente positivo y cuando tu escucha las palabras positivas de mente se pregunte al lado negativo Dios.

CARTA AL ÉXITO - DIOS TIENE UNA RESPUESTA POSITIVA

USTED DICE	Papá DICE	Todos decimos
Dices: 'Es imposible'	Papá dice: Todas las cosas son posibles	Con Dios todo es posible
Dices: 'Estoy demasiado cansado'	Papá dice: Te daré descanso	Con Dios tendremos descanso
Dices: 'Nadie me ama realmente'	Papá dice: Te amo	Con Dios me siento amada
Dices: 'No puedo seguir'	Papá dice: Mi gracia es suficiente	Con Dios puedo continuar para siempre
Dices: 'No puedo entender las cosas'	Papá dice: Voy a dirigir sus pasos	Con Dios encontraré mi camino
Dices: 'No puedo hacerlo'	Papá dice: Puedes hacer todas las cosas	Con Dios todo es posible
Dices: 'No soy capaz'	Papá dice: Soy capaz	Con Dios soy capaz
Dices: 'No vale la pena'	Papá dice: Valdrá la pena	Con Dios valdrá la pena
Dices: 'No puedo perdonarme a mí mismo'	Papá dice: Te perdono	Con Dios encontraré el perdón
Dices: 'No puedo arreglárselas'	Papá dice: Voy a suplir todas sus necesidades	Con Dios se satisfarán todas mis necesidades

Dices: 'Tengo miedo'	Papá dice: Eso no es lo que digo	Con Dios no tendrás miedo
Dices: 'Siempre estoy preocupado y frustrado'	Papá dice: Echa todas tus seciones en MÍ	Con Dios tendré paz mental
Dices: 'No soy lo suficientemente inteligente'	Papá dice: Te doy sabiduría	Con Dios tendré sabiduría
Dices: 'Me siento solo'	Papá dice: Nunca te dejaré ni te abandonaré Que el papá dice que se convierta en el que tú dices en tu viaje para mantenerte positivo y caminar con el Señor, para que todos podamos permanecer positivos con el Señor. Digamos:Mantente positivo en todas las circunstancias de la vida y las cosas buenas sucederán porque lo que pensamos influye en Dios, así que piensa positivamente.	Con Dios nunca estaré solo

No seguir los pasos de Dios...

Cuando la gente no está siguiendo los pasos de nuestro papá y está siendo egoísta, codiciosa, jactanciosa y vanidosa; insultante, desobediente a sus padres, ingrato e irreligioso; poco amables, despiadados, infames, *violentos* y feroces; odian lo bueno; tienen un comportamiento traicionero, son *imprudentes* e hinchados de orgullo; amarán el placer en lugar de Dios; rechazan a Dios y su verdadero poder. Habrá consecuencias negativas en la sociedad. Uno verá que habrá más miembros en la sociedad que tienen síntomas de TDA, ansiedad y depresión porque les falta poner a Dios primero en su vida. Pon a nuestro papá primero y lucha contra el mal en el mundo con amabilidad y amor.

La vida vale la pena vivir para - Lucha...

Vale la pena vivir la vida

Sé un hombre que lo tiene todo

Dale lo que puedas

Vale la pena la batalla

No deses vivir gratis

Ruge y garra tus patas

Dale todo lo que puedas

Lucha como un tigre y un oso mezquinos

Pronto se acabó

Usa el amor como tu herramienta para luchar

¿QUIÉNES...?

Espero que contemplen lo siguiente **"Quién es preguntas"**.

Han sido diseñados para ayudarle a contemplar lo que es su vida de autocine. Contempla cada pregunta y sé fiel a timismo. Cada uno tendrá una respuesta diferente al principio, pero espero que a medida que pase el tiempo sus respuestas se enlightened.

¿Quién es maravilloso?
¿Quién es impresionante?

¿Quién esamable?
¿Quién es grande?

¿Quién es nuestro Protector?
¿Quién es divino?

¿Quién es Omnipotente?
¿Quién está en control?

¿Quién estáperdonando?
¿Quiénes en nuestras
mentes todo el tiempo?

¿Quién esamable? ¿Quién
es increíble en todo?

¿Quién es perfecto? ¿Quién
creó el Universo?

¿Quién es el Dios más amoroso?

¿Quién es el Padre Más Amoroso?

¿Quién tiene muchos
papeles en lavida?

¿Quién tiene el código de
barras de cada cuerpo?

¿Quién tiene el corazón
más amoroso?

¿Quién teama? ¿Quién
es compasivo?

¿Quién es laresma C rellenando su Apple Pes decir?

¿Quién es el combustible en su motor?

¿Quién es la luz en su lámpara?

¿Quién es todo? ¿Quién es nuestro Cronometrador?

¿Quién es nuestrasalvación?

¿Quién es la hebilla en elcinturón r?

¿Quién es la llave de su pomo de la puerta?

¿Quién es todo en este mundo?

¿Quién es el aderezo en suensalada?

¿Quién es la tinta en supluma?

¿Quién es tu inspiración?

¿Quién puede realizar cualquiertarea?

¿Quién es el pegamento que nos une?

¿Quién conoce el nombre de todos?

Espero que haya evaluado las preguntas y pensado largo y tendido en lo que es su vida en coche. Mi meta para ustedes es desarrollar una relación con Dios y amar a Dios con todo nuestro corazón y alma y que respondan la mayoría de estas preguntas con Dios, Nuestro Verdadero Padre a quien de ahora en adelante nos referiremos como "PAPÁ". Que su poder divino complemente tu vida. Un paso para hacer de Dios el enfoque y el componente de sanación en tu vida es conocerlo; por lo tanto, nos centraremos en conocerlo.

¿Dónde estabas cuando Dios creó el universo... ?

Después de que terminé de escribir mi programa para una clase de consejería y terminé mi clase, fui a un consejero para hablar sobre mis problemas porque el universo se estaba revelando a mí. Empezaba a entender lo que pasaba conmigo, pero no sabía cómo explicárselo a nadie. No sabía cómo iniciar la conversación con mi terapeuta, pero ella me hizo sentir cómoda porque llevaba un collar con una cruz alrededor de su cuello. Cuando vi la cruz alrededor de su cuello, me alegré porque sentí que ella podría entender lo que me estaba sucediendo porque seguro que no. Simplemente iba con el momento.

Le expliqué a mi consejero cómo acababa de ser atropellado por un coche, pero antes de que esto sucediera todo el tráfico se había detenido y después de que me atropellara un coche empecé a rezar porque me asusté mucho. Mientras oraba, escuché al espíritu totalmente decirme que él estaba conmigo. Sentí que si Dios está conmigo y estoy siendo atropellado por un coche, entonces debo estar en grandes problemas. Seguí orando en voz alta para que Dios me ayudara y me perdonara. Por favor, perdóname que salió de mi boca como una hermosa melodía que nunca me he oído cantar. El conductor del coche detrás de mí se levantó del asiento del conductor y corrió. Seguí orando. Mi oración sonaba como una canción. Cuando dejé de orar, la esposa del conductor se acercó a mí y me preguntó qué acababa de decir. Le dije que había dicho el nombre de Dios y ella me dijo que su esposo podía escuchar lo que yo estaba diciendo. Él tenía miedo y salió corriendo del coche y ella no sabía dónde se escondía. Él había corrido a su apartamento, que estaba en frente del accidente y le dijo a mi consejero muy rápidamente. No recuerdo exactamente lo que le había dicho durante nuestra sesión.

Estaba divagando porque le dije en frases cortas que había hablado con un sacerdote, había visto a un anciano en un sueño y no estaba seguro de lo que estaba pasando conmigo. Traté de explicarle que era Dios, nuestro PAPÁ, quien tenía algo que ver con todos los eventos que estaban sucediendo en mi vida. Entonces la cuestioné y dónde estabas cuando Dios creó el universo. Se quedó callada y en algún lugar pude sentir que mis preguntas la hacían creerme porque se callaba. Le pregunté sobre el universo porque eso es lo que sentí que Dios me estaba haciendo. Cuando le pregunté sobre el universo, ella creyó que era la voluntad de Dios que yo le hiciera esa pregunta. Las tornas habían cambiado y en lugar de que el terapeuta me hiciera preguntas yo le estaba preguntando lo que pensaba que Dios me estaba preguntando y creo que me ayudó a no sonar loco, sino creíble y que esas experiencias únicas de hecho me estaban ocurriendo, que no sabía cómo desentrañar.

Yo no lo sabía en ese momento, pero ahora sé que Dios de hecho me estaba haciendo esta pregunta porque yo había orado para que todos vayan al Cielo, era como si Dios me estuviera diciendo y quién crees que eres para orar por tal cosa, no sabes nada. Siento que Dios me estaba desafiando porque no sé nada acerca de por qué las cosas en la sociedad y el mundo son como son. El universo es la forma en que es por una razón y ahora mi única solución es orar por dos Cielos porque he llegado a entender el plan de Dios un poco más que la mayoría.

Una historia relacionada, que te sugiero que leas, que me hizo cuestionar si yo estaba cuando se creó el universo fue Job 37:4-41... ¿Estoy loco o Dios realmente me está hablando?

Después de que fui atropellado por un automóvil por segunda vez, nada le sucedió a mi automóvil durante el accidente. Tenía miedo de que me lesionara como en el primer accidente en el que tuve unos años antes, así que fui a la sala de emergencias, pero todo estaba bien. Terminé mi última clase después de este incidente y abandoné la escuela para vivir en México. Cuando estuve en México fue cuando Dios empezó a hablarme de todo tipo de temas. Cuando regresé a ESTADOS UNIDOS, me dijo que hice algo malo en sus ojos y que siempre iba a ser pobre y aburrido hasta nuevo aviso. También me dijo que mucha gente va al Cielo porque tenía miedo de que nadie fuera porque yo no entré cuando era un niño pequeño.

El nombre de Dios no es Jehová, pero le gusta ser llamado Jehová. Dios no quiere que nadie use su nombre en vena, así que no revele su verdadero nombre. Cuando usé su nombre real, sucedieron cosas extrañas para que yo supiera que era Dios respondiendo a mis oraciones y no un simple accidente que lo que pedía se estaba volviendo realidad y a veces era un poco aterrador porque uno podía ver cuán poderoso es Dios realmente.

Jehová es la cohesión de mi vida. Él es mi salvación y le cantaré. Él es el pegamento que me mantiene unido y lo adoraré, porque él es mi papá y mi papá de los padres.

Esto es lo que soy, y esto es lo que siempre seré. Estoy unido con Dios.

Looney Bin...

No he estado en un contenedor de looney en mucho tiempo, pero anteriormente estaba dentro y fuera de la papelera de looney como si no fuera un negocio de cuerpos. Empecé a escuchar voces el 21 de noviembre de 2010, al principio las voces, que venían de seres divinos incluyendo a Dios eran amables conmigo, pero luego hice algo mal y me enseñaron que los planes de Dios son más grandes que nuestros planes y sus pensamientos son mayores que mis pensamientos. Sus pensamientos eran demasiado grandes para mí. Las voces que escucho me controlan porque me dicen que me quede soltera y que no me case y las escucho porque sé que es un poder superior hablando conmigo. Me dijeron que le dijera a los demás que se casaran y tuvieran hijos. Me diagnosticaron trastorno esquizofrénico efectivo porque también veo imágenes de seres divinos y depresión porque mi energía está baja. Mi vida era muy diferente a la que era antes del accidente porque no trabajaba durante mucho tiempo y mis finanzas estaban bajas.

Cómo me mantuve ocupado...

Me mantuve a mí mismo y me ocupé haciendo tareas diarias como pasear al perro, Facebookear, pintar, ir al gimnasio y ver películas. Vi películas como Friends en Netflix. Uno de mis personajes favoritos es Febbie, me gusta el hecho de que resultó ser una persona feliz aunque su madre se suicidó. Espero que mis sobrinas y neuf resultan tan positivos como Febbie porque han pasado por una situación similar a Febbie. Allí papá estaba en la cárcel como el sospechoso número uno de matar a su madre, de lo que el espíritu me dijo que era inocente. Ha sido liberado de la cárcel después de cumplir 6 años, ya que era un jurado colgado y se le dio un acuerdo de culpabilidad. Sé que se suicidó. Es una historia trágica.

A veces todo lo que puedes hacer es tener fe y esperanza para lo mejor, meditar, orar, pensar positivamente y creer en un poder superior.

Tenía bajos niveles de energía por lo tanto, no trabajaba durante mucho tiempo y no tenía mucho dinero, pero quiero darle amor al mundo, cómo le doy a la comunidad, pronto comencé a trabajar en el Campo de servicios humanos donde pude hacer una diferencia positiva con un grupo de estudiantes en un programa de día para adultos con discapacidades deaprendizaje, así como trabajar como consejero residencial. Pensé en varios tipos diferentes de clases, como cocina latina, artesanías de papel, cocina internacional, yoga, etc.

Actualmente estamos pasando por un momento difícil en el mundo, y estamos viviendo en los últimos días. Npandemia nacional s han tenido lugar y hemos practicado el distanciamiento social para evitar enfermarse, pero sé que conla oración todas estas cosas vana mejorar. El mundo está actualmente sobrepoblado, y las cosas estarán en equilibrio con la oración. Espero que practiquemos el distanciamiento social y spend más veces con nuestras familias cuando las pandemias ocurren en la historia. Espero que estemos enseñando a las generaciones jóvenes valores, moral, buena conducta y cómo ser ciudadanos respetuosos de la ley en sus vidas adultas jóvenes, así como en la edad adulta. Ámate a ti mismo; alimentarse con alimentos nutritivos, hacer ejercicio, sonreír a los vecinos y amigos porque incluso cuando se usa una máscara sus ojos también dan un destello de una sonrisa. Cuando termine el distanciamiento social: dé abrazos más ajustados y mantenga un hogar limpio. Elija un día de la semana para limpiar los baños y aspirar porque, como dicen, la limpieza está al lado de la piedad. Permítanos mantenernos conectados con nuestros seres queridos, lavarse las manos, ducharse, usar jabón al lavar su ropa, ayudar a su vecino, amigo y familiares. Apreciemos las cosas que damos por sentadas y tratemos de estar siempre agradecidos a nuestro creador y Verdadero Padre. La vida puede no ir siempre según lo planeado, pero eventualmente resultará de la manera que Dios planea. A veces necesitamos estar solos no para estar solos, sino para disfrutar del tiempo libre contigo mismo.

Mujer...

Hay muchos tipos de mujeres. Una mujer fácil que no agrada a los ojos de Dios. Una mujer fuerte que busca el perdón de Dios. Una mujer valiente teme al Señor su Padre. Una mujer valiente defiende lo que cree.

Todas las mujeres unidas son intocables Las mujeres son la próxima generación que cambia sus roles con el tiempo y recibe la bendición de Dios. La mujer viene en todas las formas, tamaños, color y son amados por Dios. Una mujer puede ser diácono, maestra, doctora o santa y la mujer pecador también va al cielo.

Belleza...

Una belleza que es dulce y tierna Suave y deliciosa como unrojo, rosa naranja en un día de verano. Huele a néctar dulce y cautiva la vista. Tallo largo, frágil y a la vez fuerte con espinas que perforan. Una belleza que es encantadora.

Un día en mi vida... haiku

En un día de primavera paseando el perro marrón afuera. Sol brillando en la cara Sol alto en el cielo Piscina convirtiéndose en un pantano verde. No se puede dar una inmersión. Manitas fuera de la vista. El disyuntor está roto. Anticipando el salto. Un día cálido y soleado. Esperando a que el verde se vuelva azul. Explorar opciones.

El amor de una madre...

El amor de una madre. Me viste crecer y a medida que crecía me viste brotar en una mujer. Tu amor parecía tan estricto, pero sabía que solo querías mantenerme a salvo. Ahora estoy muy contento de que haya sido estricto porque ahora veo las cosas más claramente.

Tu amor estaba ahí cuando tenía problemas con los chicos, o cuando simplemente me sentía bajo el clima. Tu amor estuvo ahí durante todas las dificultades técnicas de mi vida. No hay amor como el amor de una madre que siempre está ahí cuando te caes ayudándote a levantarte. Soñaste en grande para todos tus hijos. Madre eres la mejor simplemente única en su clase. Una buena mujer tiene un gran corazón; ella es una buena oyente, se preocupa por el bienestar de los demás y puede ayudarte a levantarte cuando estás abajo. Una buena mujer es como un tesoro de rubíes y diamantes. Ella no engaña ni roba a menos que sea tu corazón el que está robando. No des por sentada a una buena mujer porque si lo haces alguien más apreciará lo que no hiciste.

Una buena mujer sigue la palabra de nuestros Verdaderos Padres. Una buena mujer trata de mantener a sus hijos seguros, bien alimentados, vestidos, bañados, alojados, y tiene fe en el Señor de que él la ayudará a proporcionar esas cosas y más.

Una declaración de buen hombre...

Un buen hombre estará allí para su familia y sus hijos. Él será una persona amorosa y nutritiva. Él también seguirá la palabra de nuestros Verdaderos Padres. No dará por sentada a una buena mujer porque si lo hace alguien más apreciará lo que no hizo. Un buen hombre amará a nuestro papá por encima de todas las cosas y apreciará todo lo que la vida tiene para ofrecer.

CONCLUSIÓN

Señor tú eres mi coraje, fuerza, roca, pilar, y oro por días mejores.

Compartir este libro con los enfermos en los hospitales, compartir con los sanos, dar a un amigo o ser querido. Citarlo y leerlo y que la creencia en nuestro Verdadero Padre se vuelva más fuerte de lo que nunca ha sido en nuestros pueblos, ciudades, condados, estados, países y mundo. Él es real y puede hacer todas las cosas a través de la oración. Señor te amamos porque eres nuestro Padre y papá más poderoso.

Cuando estamos heridos o nos sentimos rotos hay una oportunidad para la redención y el perdón y una oportunidad de estar entre los ángeles en el Cielo. El diablo no podrá llevaros porque se nos recuerda que somos nuestros hijos Verdaderos Padres, así como que el Señor es todopoderoso y misericordioso. Ten fe y nunca dejes de creer.

También me dijeron como un niño pequeño para no tener miedo después de que me quemó accidentalmente por el alquitrán que se cayó del techo de mi home, mientras que los contratistas estaban arreglando eltecho. Creo que el alquitrán caliente era un símil para disparar y en mi mente siempre creí no tener miedo del diablo porque eso es lo que mi padre biológico me dijo cuando era un niño pequeño y ahora como reflexiono sé que estoy en lo correcto porque sólo debemos temer al Señor nuestro Verdadero Padre para temer al Señor es sabio, aunque algunos pueden argumentar por qué debemos temer al Señor cuando Dios es amor y sí nuestro Verdadero Padre es amor, paz y felicidad,pero el mundo es tan complejo a veces quetener miedo a Nuestro Verdadero Padre significa tener sabiduría porque él es tan complejo, sabio, astuto y todo-sabedor y su amor por nosotros es tan grande, es magnánimo que si un rey se lesionó no permitiría que un león, que es un símbolo para el diablo para tomar elrey, pero en su lugar levantar el rey para que pueda volar como una mariposa. El miedo es una forma de respeto que tengo por mi Verdadero Padre.

Continuar para mañana es un viaje desconocido.

REFERENCIAS:

Holy Bible, New King James Version, Review and Herald Publishing Associates, 1990

La Biblia Latina Americana, San Pablo / Editorial Verbo Divino; 65a edición edicion (2005)

Cindy Gilbert, el seudónimo del escritor de El león y la reina que anhelo ser, publicado por Autor Publishing House primero en inglés y ahora en español. Este libro fue escrito después de que Cindy Gilbert sintiera que el espíritu total le hablaba en un día del aniversario de su bautismo. Cindy ha nacido de nuevo y sigue siendo una pecadora y está tratando de hacer del mundo un lugar mejor andando a la escuela de posgrado para convertirse en trabajadora social. Este libro es una historia inspiradora sobre una mujer latina que resultó herida en un accidente automovilístico y a través de sus heridas llegó a aprender el nombre de su Verdadero Padre, Jehová y que ahora continúa teniendo una relación con él y tiene como objetivo tratar de ser una santa y buena en los ojos de su Señor bendito. Gilbert afirma que permanecerá soltera para sentirse más cerca de su Padre celestial y espera que el libro ayude a varios encontrar paz especialmente si tienen dolor psico o emocional y que siempre tengan esperanza que cosas mejoran con dios en sus corazones.

Printed in the United States
by Baker & Taylor Publisher Services